Gramática e Ortografia

Hermínio Sargentim

Volume 4
Ensino Fundamental

2ª edição
São Paulo
2015

Coleção Eu gosto m@is
Gramática e Ortografia – Volume 4
© IBEP, 2015

Diretor superintendente	Jorge Yunes
Diretora editorial	Célia de Assis
Gerente editorial	Maria Rocha Rodrigues
Coordenadora editorial	Simone Silva
Assessoria pedagógica	Valdeci Loch
Analista de conteúdo	Cristiane Guiné
Assistente editorial	Fernanda Santos, Bárbara Odria Vieira
Coordenadora de revisão	Helô Beraldo
Revisores	Beatriz Hrycylo, Cássio Dias Pelin, Fausto Alves Barreira Filho, Luiz Gustavo Bazana, Rosani Andreani, Salvine Maciel
Secretaria editorial e Produção gráfica	Fredson Sampaio
Assistentes de secretaria editorial	Carla Marques, Karyna Sacristan, Mayara Silva
Assistentes de produção gráfica	Ary Lopes, Eliane Monteiro, Elaine Nunes
Coordenadora de arte	Karina Monteiro
Assistentes de arte	Aline Benitez, Gustavo Prado Ramos, Marilia Vilela, Thaynara Macário
Coordenadora de iconografia	Neuza Faccin
Assistentes de iconografia	Bruna Ishihara, Camila Marques, Victoria Lopes, Wilson de Castilho
Ilustradores	José Luís Juhas, Imaginário Stúdio, Eunice/Conexão, João Anselmo e Izomar
Processos editoriais e tecnologia	Elza Mizue Hata Fujihara
Projeto gráfico e capa	Departamento de Arte – Ibep
Ilustração da capa	Manifesto Game Studio
Diagramação	SG-Amarante Editorial

CIP-BRASIL. CATALOGAÇÃO-NA-FONTE
SINDICATO NACIONAL DOS EDITORES DE LIVROS, RJ

S251g
2.ed.

Sargentim, Hermínio G. (Hermínio Geraldo), 1946-
 Gramática e ortografia: ensino fundamental, volume 4 / Hermínio Sargentim. –
2. ed. – São Paulo : IBEP, 2015.
       il. ; 28 cm   (Eu gosto mais)

    ISBN 978-85-342-4449-7 (aluno) / 978-85-342-4450-3 (mestre)

    1. Língua portuguesa – Gramática. I. Título. II. Série.

15-21473   CDD: 372.6
                                    CDU: 373.3.016:811.134.3

31/03/2015   06/04/2015

2ª edição – São Paulo – 2015
Todos os direitos reservados

Av. Alexandre Mackenzie, 619 – Jaguaré
São Paulo – SP – 05322-000 – Brasil – Tel.: (11) 2799-7799
www.editoraibep.com.br   editoras@ibep-nacional.com.br

Impressão - Grym - Abril de 2025

APRESENTAÇÃO

[...]
Bola, papagaio, pião
de tanto brincar
se gastam.

As palavras não:
quanto mais se brinca
com elas
mais novas ficam.

José Paulo Paes. *Poemas para brincar*.
São Paulo: Ática, 1991.

SUMÁRIO

LIÇÃO	GRAMÁTICA	PÁGINA	ORTOGRAFIA	PÁGINA
1	Fonema	7	Fonema e letra	10
2	Sílaba	13	Acento agudo e acento circunflexo	18
3	Substantivo: classificação	21	Acentuação gráfica: proparoxítonas	27
4	Gênero do substantivo (1)	29	Separação de sílabas	34
5	Gênero do substantivo (2)	37	Grafia com -isar e -izar	42
6	Número do substantivo	45	Vírgula	50
7	Grau do substantivo	52	Grafia dos diminutivos	57
8	Artigo	60	Acentuação das oxítonas	63
9	Adjetivo	65	Palavras terminadas em -l	67
10	Concordância nominal	70	Palavras com -em ou -ens	73
11	Grau comparativo	76	Usos de mais e mas	79
12	Grau superlativo	82	Palavras com l e com u	88

LIÇÃO	GRAMÁTICA	PÁGINA	ORTOGRAFIA	PÁGINA
13	Numerais	91	Grafia de horas e dos cardinais	95
14	Pronomes pessoais	99	Acentuação dos ditongos	104
15	Pronomes de tratamento	107	Abreviaturas	111
16	Classificação dos pronomes	115	Palavras homófonas	121
17	Verbo	124	Acento diferencial	130
18	Conjugações do verbo	133	Acentuação das oxítonas terminadas em -i ou -u	138
19	Verbos irregulares	141	Verbos em -ecer e com s	145
20	Advérbio	149	Onde e aonde	154
21	Preposição	156	Crase	161
22	Conjunção	164	Por que, por quê e porque	167
23	Interjeição	170	Aspas e reticências	174
24	Frase	178	Grafia de -am e -ão	181
25	Sujeito e predicado	184	Verbos terminados por -em ou -êm	189

Fonema

Quando você fala, produz som com a ajuda da língua, dos dentes, dos lábios, da garganta e de outros órgãos.

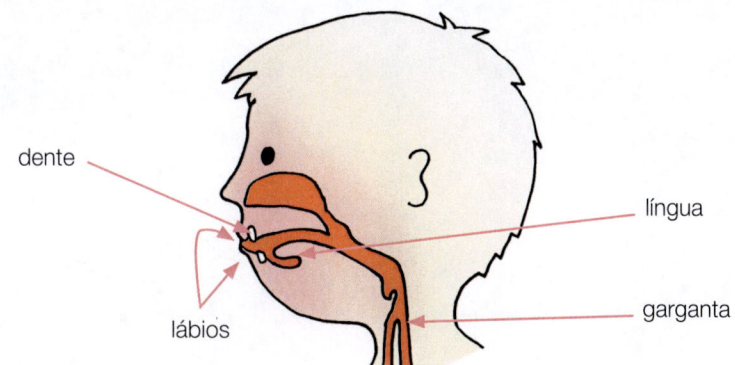

O som se forma com a saída do ar pela boca ou pelo nariz.
Quando o ar sai livre pela boca, o som recebe o nome de **vogal**.
As vogais: a e i o u

Quando o ar, ao sair pela boca, encontra um pequeno obstáculo, o som recebe o nome de **consoante**.
As consoantes: b c d f g h j l m
n p q r s t v x z

O som que forma a vogal ou a consoante recebe o nome de **fonema**.

Fonema (som)
- **vogal** (saída livre do ar)
- **consoante** (saída do ar com obstáculo)

As letras **k**, **w** e **y**, recentemente incorporadas ao alfabeto da língua portuguesa, são usadas apenas na grafia de alguns nomes próprios, em palavras de origem estrangeira e em abreviaturas. Apresentam os seguintes sons:

- **K** – som de consoante: Kátia, Keila.
- **W** – som de consoante nas palavras de origem alemã: Walter, Wagner.
      som de vogal nas palavras de origem inglesa: Wilson, show.
- **Y** – som de vogal: Ary, Yara.

7

ATIVIDADES

1 Forme palavras acrescentando consoantes.

| ia | ua | ato |

_____ _____ _____ _____ _____ _____

_____ _____ _____ _____ _____ _____

_____ _____ _____ _____ _____ _____

_____ _____ _____ _____ _____ _____

2 Troque uma letra de cada vez e forme novas palavras. Veja os exemplos nos quadros.

B**O**A – **S**OA – **V**OA   VIA – **T**IA   T**I**O – **F**IO

a) MATO _____

b) CALO _____

c) COPO _____

d) GALO _____

3 Dê dois exemplos de palavras que, na escrita, possuem o número de vogais e consoantes que se pede. Podem ser palavras que você conheça ou retiradas de algum texto de livro, jornal, revista...

a) duas consoantes e duas vogais: _____

b) três consoantes e três vogais: _____

c) quatro consoantes e duas vogais: _____

GRAMÁTICA E ORTOGRAFIA

4 Descubra a palavra de três letras que pode ser escrita nos quadrinhos, seguindo as dicas.

☐ ☐ ☐

PAR   não tem nenhuma letra igual
POR   tem uma letra igual no mesmo lugar
LAR   tem uma letra igual em lugar diferente
SAL   tem duas letras iguais nos mesmos lugares
ASA   tem uma letra igual em lugar diferente

☐ ☐ ☐

MIM   não tem nenhuma letra igual
RUA   tem duas letras iguais nos mesmos lugares
MIL   tem uma letra igual em lugar diferente
TIA   tem uma letra igual no mesmo lugar
LUZ   tem duas letras iguais nos mesmos lugares

5 Da primeira palavra chegue à última, trocando apenas uma letra de cada vez. Use o menor número possível de palavras. Veja o exemplo.

RATO   r**o**to - rot**a** - **g**ota - go**l**a   BOLA

SOL   _____   LUA

PAI   _____   MÃE

NADA   _____   TUDO

ORTOGRAFIA 1

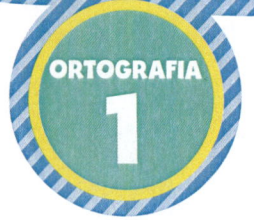

Fonema e letra

Ao escrever uma palavra, você já deve ter tido dúvidas quanto à grafia. É com **s** ou com **z**? É com **x** ou **ch**? É com **ç** ou **ss**? Por que acontece isso?

Cada letra deveria representar um fonema.

letra	P	A	T	A
	↓	↓	↓	↓
fonema	/P/	/A/	/T/	/A/

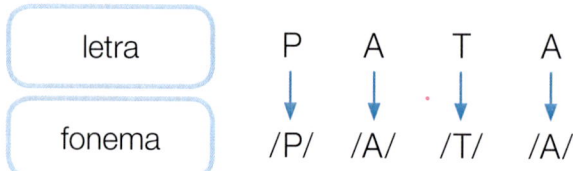

Mas nem sempre isso acontece.

1. Às vezes, um fonema pode ser representado por mais de uma letra.

letra	C	H	U	V	A
	\	/	↓	↓	↓
fonema	/X/		/U/	/V/	/A/

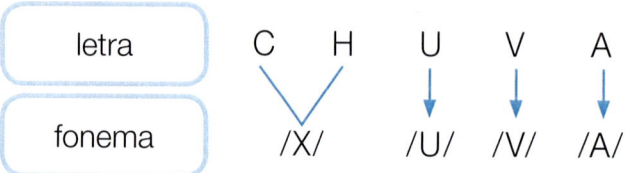

2. Outras vezes, um mesmo fonema pode ser representado por letras diferentes. Veja as letras que podem representar, por exemplo, o fonema /s/.

Fonema	Letra	
/s/	se**x**to	ma**ç**o
	pa**ss**o	**s**apo
	de**sc**e	

3. Há casos em que a letra não representa nenhum fonema. Isso ocorre com a letra **h**.

letra	H	O	J	E
	↓	↓	↓	↓
fonema	Ø	/O/	/J/	/E/

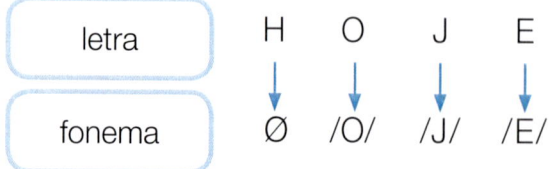

A escrita de uma palavra segue algumas regras determinadas por uma convenção, que se baseia, muitas vezes, na história da palavra. Para escrever corretamente, você deve seguir essas regras. É isso que você vai conhecer em **ortografia**.

ATIVIDADES

1 No texto seguinte, destacamos as letras de algumas palavras. Distribua essas palavras em três grupos de acordo com o som (fonema) das letras destacadas.

Akimbo e os leões

Um garoto, chamado Akimbo, vive em uma grande re**s**erva na África, onde convive com os bichos mais diferentes: **g**irafas, **j**avalis, **z**ebras e búfalos.

Ele gosta tanto de viver lá e já está tão acostumado ao dia a dia da floresta que até já **s**alvou um bando de elefantes – história e**ss**a contada no livro *Akimbo e os elefantes*.

Ne**ss**a aventura chamada *Akimbo e os leões*, o garoto anda entediado e o pai, ocupado demais para dar aten**ç**ão ao filho. Até que o pai de Akimbo avi**s**a que preci**s**a ir até uma das fa**z**endas no **s**ul, onde há ataques de leões a cria**ç**ões de gado.

Akimbo, aventureiro que é, não vai ficar fora de**ss**a.

Estadinho, n. 1111.

Fonemas		
Grupo 1	Grupo 2	Grupo 3

2 As letras **g** e **j** representam muitas vezes um mesmo fonema. Complete as palavras com essas letras. A seguir, distribua essas palavras em dois grupos. Grupo 1 – palavras com **g**; Grupo 2 – palavras com **j**.

ti____ela   in____eção   berin____ela

____esto   ar____ila   gor____eio

a____eitar   gara____em   gor____eta

ferru____em   gen____iva   reló____io

____eito   ma____estade   mon____e

____iboia   ma____estoso   su____estão

pa____em   selva____em

Grupo 1 – _____

Grupo 2 – _____

3 A letra **h** inicial não representa nenhum som. Use essa letra quando for necessário. A seguir, copie a palavra.

____istória _____   ____élice   _____

____ombro   _____   ____onra   _____

____ontem   _____   ____erva   _____

____erói   _____   ____oje   _____

____amanhã   _____   ____umano   _____

____igiene   _____   ____umanidade _____

4 Invente uma manchete de jornal em que apareçam palavras escritas com as letras **h** (inicial), **j** e **g**.

_____

_____

_____

12 GRAMÁTICA E ORTOGRAFIA

Sílaba

Bilhete de Mariana

Me vi no espelho
com os teus olhos
para saber
como me vês.

A menina magra,
de sardas,
afasta os cabelos da testa
e ri.

Eu digo para mim:
Esta é Mariana.
E repito MA-RI-A-NA.
A menina se volta.

E continuo olhando
por instantes,
como você faz,
com seu jeito
ao mesmo tempo
distante
e voraz.

Sérgio Capparelli. *Tigres no quintal*.

Sílaba

Leia atentamente a palavra.

Ao pronunciar essa palavra, você juntou vários conjuntos sonoros. Cada um desses conjuntos sonoros é denominado **sílaba**.

> **Sílaba** é o menor conjunto sonoro produzido em um só impulso de voz.

Número de sílabas

As palavras podem ser formadas por:

- **uma** sílaba – m**a**r
- **duas** sílabas – s**a**-p**o**
- **três** sílabas – m**é**-di-c**o**
- **quatro** ou **mais** sílabas – m**a**-te-m**á**-ti-c**a**

De acordo com o número de sílabas, as palavras recebem nomes especiais.

Número de sílabas	Classificação	Palavra
uma sílaba	monossílaba	pé
duas sílabas	dissílaba	pe-so
três sílabas	trissílaba	pe-sa-do
quatro ou mais sílabas	polissílaba	pen-sa-men-to

Sílaba forte e sílaba fraca

Leia a palavra **caneta**. Ao pronunciar as sílabas dessa palavra, você pode perceber uma variação de intensidade: uma sílaba é forte e as demais sílabas são fracas.

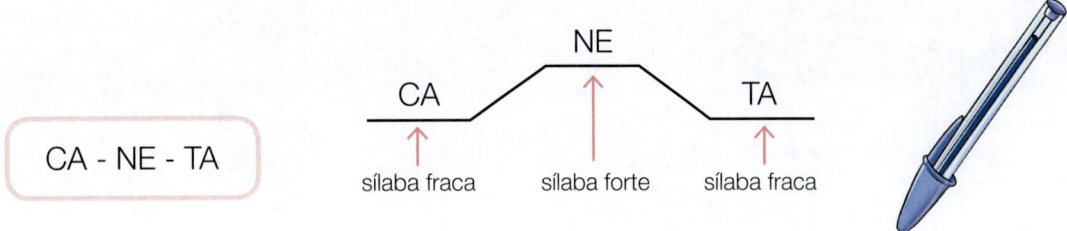

Em todas as palavras, há somente uma sílaba forte.

A **sílaba forte** de uma palavra recebe o nome de **sílaba tônica**. A(s) **sílaba**(s) **fraca**(s) recebe(m) o nome de **sílaba átona**.

Oxítona, paroxítona, proparoxítona

De acordo com a posição da sílaba tônica, a palavra é classificada em **oxítona**, **paroxítona** ou **proparoxítona**.

Palavra	Posição da sílaba tônica	Classificação
do mi **nó**	última sílaba	**oxítona**
me **ni** no	penúltima sílaba	**paroxítona**
mé di co	antepenúltima sílaba	**proparoxítona**

ATIVIDADES

1 Forme seis palavras juntando as sílabas abaixo.

me	ni	lo
ca	re	no
pa	be	de

_____   _____

_____   _____

_____   _____

2 Destaque a sílaba tônica.

Natal _____   livro _____   cócegas _____

coreto _____   doce _____   canivete _____

pêssego _____   amor _____   pivete _____

3 Classifique as palavras quanto ao número de sílabas.

livro _____   telefone _____

menino _____   futebol _____

cal _____   calor _____

carinhoso _____   insetos _____

4 Complete o quadro.

Palavra	Número de sílabas	Tonicidade
veludinho	ve-lu-di-nho	paroxítona
soubesse		
próxima		
professora		
parabéns		

16 GRAMÁTICA E ORTOGRAFIA

5 Leia:

> A cidade ideal dum cachorro
> tem um poste por metro quadrado.
> Não tem carro, não corro, não morro
> e também não fico apertado.
>
> Chico Buarque de Hollanda.
> *Os saltimbancos.*

Retire do texto o que se pede.

a) três palavras trissílabas:

_____

b) cinco palavras dissílabas:

_____

c) três palavras monossílabas:

_____

d) uma palavra polissílaba:

_____

6 As frases abaixo são provérbios. Classifique as palavras destacadas quanto ao número de sílabas e quanto à tonicidade.

a) De **médico** e louco todo mundo tem um pouco.
b) A **cavalo** dado não se olha o dente.
c) O que não tem remédio **remediado** está.

Palavra	Número de sílabas	Tonicidade

ORTOGRAFIA 2
Acento agudo e acento circunflexo

Observe as palavras:

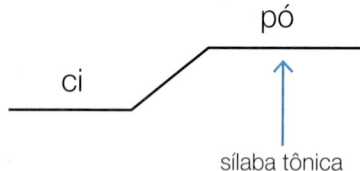
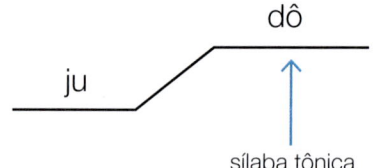

Colocamos na vogal da sílaba tônica um **sinal gráfico**. Chamamos esse sinal de **acento gráfico**.

O acento gráfico na língua portuguesa é usado para:
1. indicar a sílaba tônica da palavra

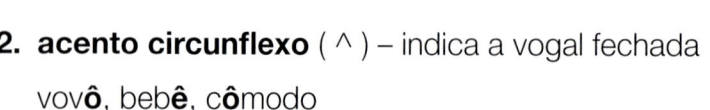

2. indicar a pronúncia da vogal
- aberta: cipó
- fechada: judô

Há dois tipos de acento:

1. **acento agudo** (´) – indica a vogal aberta

   vov**ó**, caf**é**, f**ó**sforos

2. **acento circunflexo** (^) – indica a vogal fechada

   vov**ô**, beb**ê**, c**ô**modo

1 Coloque acento agudo na vogal da sílaba tônica.

Para**na**	**ca**lice	a**ma**vel
guara**na**	rabi**co**	sa**pe**
passaro	domi**no**	bo**ne**

2 Coloque acento circunflexo na vogal da sílaba tônica.

be**be**	**lam**pada	**o**nibus
fe**no**meno	i**pe**	pu**re**
in**gles**	in**fan**cia	ne**ne**

3 Coloque acento agudo ou acento circunflexo na vogal da sílaba tônica.

portu**gues**	came**lo**	**pes**sego
Pa**ra**	**ceu**	**me**dico
tenis	ma**res**	cli**che**
bu**que**	infla**ma**vel	mati**ne**

4 Transforme as frases de acordo com o exemplo e empregue corretamente o acento gráfico.

eu olhava – n**ó**s olh**á**vamos

eu estava _____   eu sabia _____

eu conversava _____   eu sorria _____

eu pensava _____   eu pedia _____

eu estudava _____   eu andava _____

19

5 Passe as palavras para o singular, conforme o exemplo.

chineses – chin**ê**s

camponeses ―――――――― fregueses ――――――――

japoneses ―――――――― holandeses ――――――――

portugueses ―――――――― congoleses ――――――――

ingleses ―――――――― escoceses ――――――――

6 Copie as frases colocando o acento gráfico quando necessário.

a) O bebe aprendeu a falar.

―――――――――――――――――――――――――――――――――

b) Eu rasguei a pagina da revista enquanto estava folheando.

―――――――――――――――――――――――――――――――――

c) O atleta esta em segundo lugar, logo atras do primeiro.

―――――――――――――――――――――――――――――――――

d) Eu falo portugues e ingles ha muito tempo.

―――――――――――――――――――――――――――――――――

7 Em algumas palavras do texto abaixo faltam acentos. Coloque-os corretamente.

Balela

Quando voce estiver so
so! so!
é que vera no sertão
tão! tão!
a asa de um curio
ó! ó!
a tocar um violão
lão! lão!

Sidônio Muralha. *A dança dos pica-paus.*

Gramática 3
Substantivo: classificação

A gaiola

Em dois minutos estava no meio do mato, no lugar onde tinha deixado o material para a gaiola. Pegou a faquinha de cabo marrom e, sentado em cima de um tronco grosso, ficou cutucando os galhos um bom tempo. Gostava de ficar assim no meio das árvores, escutando as corruíras e os sanhaços piando sobre sua cabeça. Aprendera a gostar disso com João, que também lhe ensinara a fazer gaiola. Costumavam sumir para o mato depois das aulas e passar a tarde toda subindo em árvores, catando fruta, balançando-se nos cipós, aprendendo a reconhecer o piado dos passarinhos. Depois que João se mudou para Santos, ele não encontrou ninguém que soubesse gostar dessas coisas, de verdade, como eles. Então se acostumou a ficar sozinho.

Mirna Pinsky. *Nó na garganta*.

As palavras que você usa para construir frases distribuem-se em classes. Vamos conhecer essas classes de palavras.

Observe as palavras em destaque:

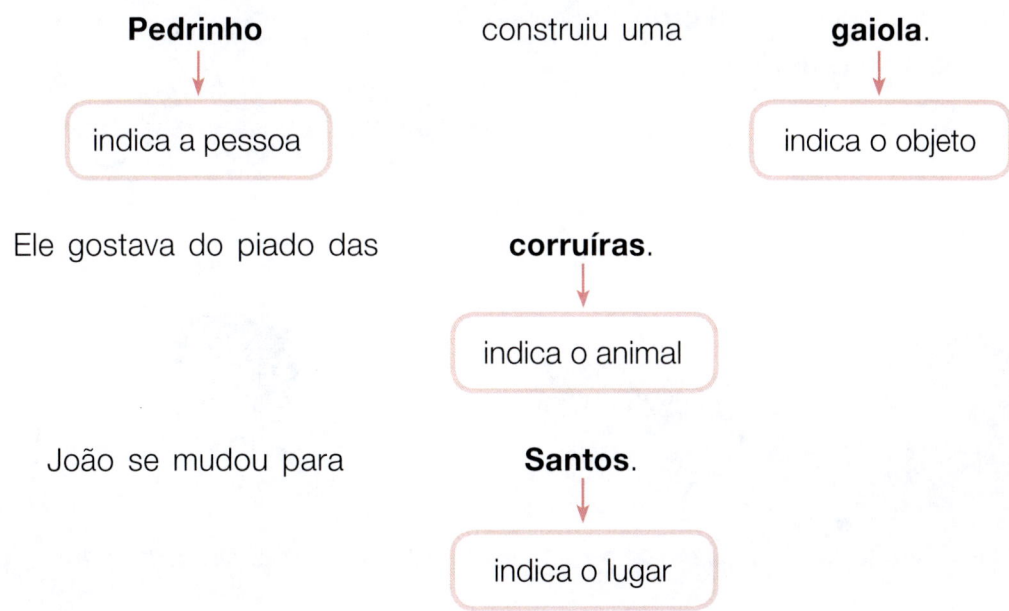

"Pedrinho", "gaiola", "corruíras", "Santos" são palavras que indicam **pessoa**, **objeto**, **animal** e **lugar**. Pertencem à classe dos **substantivos**.

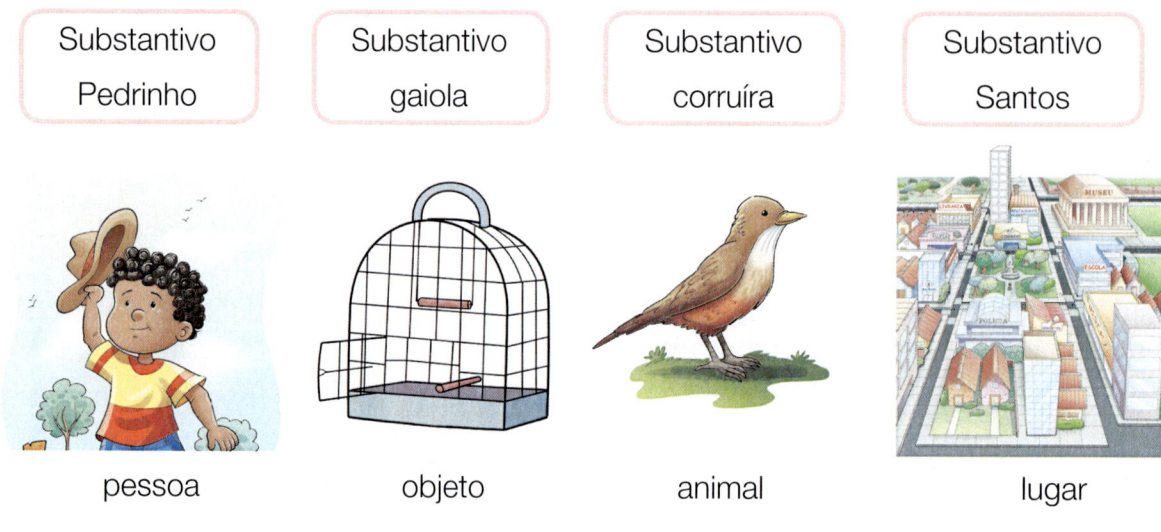

| Substantivo Pedrinho | Substantivo gaiola | Substantivo corruíra | Substantivo Santos |

pessoa — objeto — animal — lugar

Substantivo é a classe de palavra que indica pessoa, objeto, animal ou lugar.

Substantivo próprio e substantivo comum

Observe estas palavras: **menino** e **Pedrinho**.
- A palavra "menino" indica **qualquer** criança.
  É um substantivo **comum**.
- A palavra "Pedrinho" indica **uma só** criança.
  É um substantivo **próprio**.

Menino

| Pedrinho | Vítor | André |

Os substantivos próprios são escritos sempre com **letra inicial maiúscula**.

Substantivo simples e substantivo composto

Compare os substantivos em destaque:
a) Caiu uma forte **chuva**.
b) Esqueceu em casa o **guarda-chuva**.

Você pode observar que:

- o substantivo "chuva" é formado **por uma só palavra**. Chama-se **substantivo simples**;

- o substantivo "guarda-chuva" é formado por **mais de uma palavra**. Chama-se **substantivo composto**.

Substantivo primitivo e substantivo derivado

Compare os substantivos a seguir:

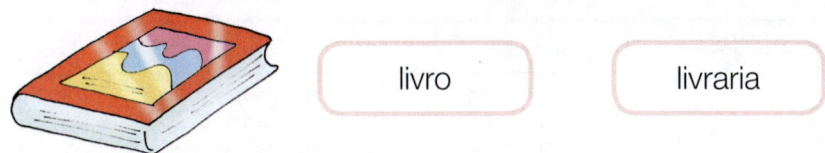

- O substantivo "livro" não é derivado de nenhuma outra palavra. Chama-se **substantivo primitivo**.

- O substantivo "livraria" é derivado de outra palavra da língua. Chama-se **substantivo derivado**.

Substantivo primitivo	Substantivo derivado
livro	livrinho, livraria, livreiro
ferro	ferrugem, ferreiro, ferradura
pedra	pedreiro, pedrinha, pedraria

23

Substantivo coletivo

Observe a palavra em destaque na frase a seguir:

> Nosso **time** estava cheio de amigos.

A palavra "time" tem uma **forma singular**, mas indica um **grupo de jogadores**. Chama-se **substantivo coletivo**.

> **Substantivo coletivo** é aquele que, mesmo estando no singular, indica um conjunto de elementos.

Principais coletivos

academia	de escritores, artistas, cientistas	cabido	de cônegos (de uma catedral)
aglomeração	de pessoas	cacho	de bananas, uvas
ala	de árvores, soldados, pessoas	cáfila	de camelos
		cainçalha	de cães
álbum	de fotografias, selos	cancioneiro	de canções, poesias
alcateia	de lobos e outros animais ferozes	caravana	de viajantes, mercadores, peregrinos
antologia	de textos literários	cardume	de peixes
armada	conjunto de forças marítimas	catálogo	de livros
arquipélago	de ilhas	cavalgada	de cavaleiros
arvoredo	de árvores	choldra	de assassinos, malfeitores
atilho	de espigas	chumaço	de cabelos
auditório	de ouvintes	chusma	de criados
banda	de músicos	código	de leis
bando	de aves, ciganos, salteadores	colmeia	de cortiços de abelhas
		conciliábulo	de feiticeiros
batalhão	de soldados	concílio	de bispos
biblioteca	de livros	conclave	de cardeais (para eleição do papa)
boiada	de bois		
braçada	de flores, lenha, capim	constelação	de estrelas

cordilheira	de serras	molho	de chaves, verduras
cordoalha	de cordas	multidão	de pessoas
corja	de ladrões, desordeiros	museu	de objetos antigos
comucópia	de flores	ninhada	de pintos, ovos, filhotes
coro	de vozes		
discoteca	de discos	nuvem	de insetos, gafanhotos
elenco	de artistas ou atores	orquestra	de músicos
enxame	de abelhas	penca	de bananas, chaves
enxoval	de roupas		
esquadra	de navios	pinacoteca	de quadros
esquadrilha	de aviões	pomar	de árvores frutíferas
exército	de soldados	prole	de filhos
fauna	de animais	quadrilha	de ladrões, assaltantes
feixe	de lenha, flores, capim	ramalhete	de flores
flora	conjunto de plantas de uma região	rebanho	de bois, ovelhas, cabras
		resma	de papel
floresta	de árvores	réstia	de alho, cebola
folclore	de crenças e canções populares		
		século	período de cem anos
frota	de navios de guerra	súcia	de pessoas desonestas
galeria	de quadros, estátuas (em exposição)	time	de jogadores
		tribo	de indígenas
hinário	de hinos	tropa	de animais de carga
iconoteca	de imagens, estampas	turma	de alunos, trabalhadores
junta	de médicos, examinado-res, bois	vara	de porcos
		videoteca	de fitas de videocassete
madeixa	de cabelos		
manada	de bois, porcos etc	viveiro	de pássaros
matilha	de cães		
miríade	de estrelas, insetos		

ATIVIDADES

1) Escreva um substantivo derivado das palavras abaixo.

fruta _____   muro _____

pão _____   mata _____

folha _____   sorvete _____

lápis _____   café _____

2) Forme substantivos compostos, juntando, por meio de hifens, as palavras da primeira coluna com as da segunda:

banana   perfeito = _____

água   quente = _____

amor   maçã = _____

cachorro   prima = _____

obra   viva = _____

3) Copie as frases substituindo a expressão destacada pelo coletivo correspondente e fazendo ajustes se necessário.

a) O **conjunto de ilhas** de Fernando de Noronha é de origem vulcânica.

_____

b) O **conjunto de plantas** da região brasileira é um dos mais variados do mundo.

_____

c) O **conjunto de navios** está se aproximando da costa brasileira.

_____

d) O meu **conjunto de discos** está variadíssimo.

_____

e) Os zoólogos estudam o **conjunto de animais** de uma região.

_____

ORTOGRAFIA 3
Acentuação gráfica: proparoxítonas

Fotossíntese, dúvida de um sabiá

Se o sabiá pudesse falar, ele um dia soltaria uma pergunta daquelas cabeludas. Por exemplo: "Como é que a árvore, que nunca sai do lugar, consegue crescer, dar flores e frutos? Do que será que ela se alimenta?" E aí, ficou curioso? Na *CHC* 153, a árvore toma a palavra para responder à dúvida do curioso sabiá.

Revista *Ciência Hoje das Crianças*, n. 153.

Observe, nesse texto, as seguintes palavras:

árvore — fotossíntese — dúvida

Você pode constatar que essas palavras:
a) são proparoxítonas;
b) são acentuadas.

Regra: Acentuam-se todas as palavras proparoxítonas.

Veja, a seguir, algumas palavras proparoxítonas:

Palavras proparoxítonas

ácido	fôlego	pássaro
análise	gótico	pêssego
árabe	hábito	prática
árvore	lâmpada	público
cálculo	límpido	relâmpago
crítica	líquida	revólveres
exército	máscara	tráfego
êxito	médico	vítima
fenômeno	pacífica	

27

ATIVIDADES

1. O menino resolveu ir até o parque. Para chegar lá, terá de passar somente por palavras proparoxítonas. Acentue as palavras quando necessário e ligue as proparoxítonas para traçar o caminho que ele deve percorrer.

2. Quem digitou o texto seguinte esqueceu-se de acentuar as palavras proparoxítonas. Faça isso por ele.

Sapo dá sorte?

Nos antigos contos de fadas, sempre que uma bruxa cismava de fazer uma sopa enfeitiçada, os pobres sapos precisavam ser usados como ingredientes. Os sapos eram cozidos para produzir uma espessa fumaça magica por meio da qual a bruxa via o futuro. Mas, no Antigo Egito, era diferente. Os sapos eram embalsamados e colocados nas tumbas dos faraós para protegê-los em sua passagem para a vida eterna. Na Antiga Roma, quem encontrasse um sapo parado no meio da estrada ficava muito feliz porque o considerava como simbolo de boa sorte.

Heloisa Prieto. *Folha de S.Paulo*, 26 nov. 2005.

GRAMÁTICA 4
Gênero do substantivo (1)

O macaco e a lebre

Um macaco, passando pela mata, foi pego pela armadilha de um caçador e ficou horas pendurado numa árvore, preso na rede. Uma lebre que ia passando por ali viu o macaco e se ofereceu para ajudá-lo. A lebre roeu a corda até rebentar e livrou o macaco da armadilha. Muito agradecido, ele disse:

– Espero que sejamos amigos para sempre e, se precisar de mim, ficarei muito feliz em servi-la.

A lebre agradeceu e saiu andando com muita elegância...

Disponível em: < http://mensagensvirtuais.xpg.uol.com.br/Crianca/O-macaco-e-a-lebre >.
Acesso em: 19 maio 2015.

Observe a palavra destacada:

Um **macaco**, passando pela mata, foi pego pela armadilha de um caçador e ficou horas pendurado numa árvore, preso na rede.

A palavra **macaco** pode ser dividida em duas partes:

macac | o

A terminação **o** indica o gênero da palavra.
Na língua portuguesa, há duas terminações de gênero:

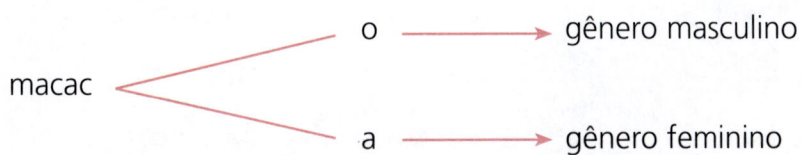

macac → o → gênero masculino
macac → a → gênero feminino

Formação do feminino

1. Há substantivos que formam o feminino com o acréscimo de **-a**.

professor	–	professor**a**	deus	–	deus**a**
doutor	–	doutor**a**	camponês	–	campones**a**
senhor	–	senhor**a**	português	–	portugues**a**
vereador	–	vereador**a**	guri	–	guri**a**
pastor	–	pastor**a**	peru	–	peru**a**

2. Alguns substantivos terminados em **-e** formam o feminino trocando o **-e** por **-a**.

mestre	–	mestr**a**	elefante	–	elefant**a**
hóspede	–	hóspede**a**	monge	–	monj**a**
presidente	–	president**a**			

3. Outros substantivos recebem no feminino terminações especiais: **-esa**, **-isa**, **-ina**, **-triz** etc.

cônsul	–	consul**esa**	profeta	–	profet**isa**
duque	–	duqu**esa**	sacerdote	–	sacerdot**isa**
czar	–	czar**ina**	ator	–	a**triz**
poeta	–	poet**isa**	imperador	–	impera**triz**

GRAMÁTICA E ORTOGRAFIA

4. Alguns substantivos femininos são diferentes da forma masculina.

Observe:

Masculino		Feminino		Masculino		Feminino
bode	–	cabra		genro	–	nora
carneiro	–	ovelha		padre	–	madre
cão	–	cadela		padrinho	–	madrinha
compadre	–	comadre		pai	–	mãe
frade	–	freira		rei	–	rainha
cavalheiro	–	dama		zangão	–	abelha

5. Os substantivos terminados em **-ão** podem formar o feminino de três maneiras.

1ª – Muda-se a terminação **-ão** para **-oa**:

leão	–	le**oa**		patrão	–	patr**oa**
leitão	–	leit**oa**		tabelião	–	tabeli**oa** ou tabeli**ã**
ermitão	–	ermit**oa**		hortelão	–	hortel**oa**

2ª – Muda-se a terminação **-ão** para **-ã**:

aldeão	–	alde**ã**		cirurgião	–	cirurgi**ã**
anão	–	an**ã**		espião	–	espi**ã**
campeão	–	campe**ã**		irmão	–	irm**ã**
charlatão	–	charlat**ã**		órfão	–	órf**ã**
anfitrião	–	anfitri**ã**		cidadão	–	cidad**ã**

3ª – Muda-se a terminação **-ão** para **-ona**:

comilão	–	comil**ona**		solteirão	–	solteir**ona**
folião	–	foli**ona**		sabichão	–	sabich**ona**

ATIVIDADES

1 Escreva o feminino dos substantivos do quadro abaixo na tabela, observando a maneira como eles são formados.

camaleão	profeta	pintor
tecelão	glutão	imperador
vereador	deus	ator
solteirão	elefante	juiz
monge	cônsul	pavão
patrão	espião	ministro

+ -a	trocam -e por -a	trocam -ão por -ã	+ -esa, -isa, -ina, -triz	trocam -ão por -oa	trocam -ão por -ona

2 Reescreva a anedota a seguir, mudando o gênero do substantivo.

O freguês para o garçom:

– Esta galinha está com uma perna maior que a outra.

E o garçom:

– O senhor quer comer a galinha ou dançar com ela?

3 Complete a cruzadinha com o feminino dos substantivos abaixo:

Verticais
1. compadre
2. boi
3. zangão
4. burro
5. leão
6. cavalheiro
7. ator

Horizontais
8. cão
9. leitão
10. carneiro
11. aldeão
12. cidadão
13. rei
14. menina
15. autor
16. solteirão
17. perdigão

ORTOGRAFIA 4 — Separação de sílabas

Ciência

Futura homenageia cientistas brasileiros

EDUARDO GERAQUE
DA REPORTAGEM LOCAL

Qualquer iniciativa televisiva para homenagear os desconhe-cidos cientistas brasileiros me-rece ser vista. Mas isso não sig-nifica que uma boa ideia será, na prática, um grande produto.

A série que o "Globo Ciência" leva aos telespectadores do Ca-nal Futura começa pelo perso-nagem certo.

O médico Carlos Chagas (1879-1934), que há cem anos descobriu uma doença trans-mitida pelo barbeiro e que acabou conhecida pelo nome de mal de Chagas, é, com razão, um dos maiores cientistas bra-sileiros até hoje.

A série, na sequência, prome-te apresentar a videobiografia de Johanna Döbereiner (quem?) e de Cesar Lattes.

A primeira, nascida na antiga Checoslováquia, foi uma gran-de agrônoma. Lattes era um fí-sico muito irreverente e, claro, de grande importância.

Como toda homenagem, es-ses três programas da série po-deriam ser mais sóbrios. Ou se-ja, eles homenagearam demais os cientistas, que, apesar de tu-do, foram bem escolhidos.

O estudante-telespectador, por exemplo, além de aprender sobre a obra dos personagens, poderá ter a impressão de que a ciência é focada no individua-lismo. Mas, na prática, sem uma equipe não se faz descoberta nenhuma atualmente.

GLOBO CIÊNCIA
Quando: sobre Chagas, hoje (16h) e amanhã (21h30); sobre Döbereiner, estreia no domingo (14h)
Onde: Canal Futura
Classificação: livre

FOLHA DE S.PAULO, 15 MAIO 2009.

Na edição deste texto jornalístico, para manter a regularidade das margens, foram divididas as sílabas de algumas palavras.

desconhe-/cidos	trans-/mitida	es-/ses
me-/rece	bra-/sileiros	po-/deriam
sig-/nifica	prome-/te	se-/ja
Ca-/nal	gran-/de	tu-/do
perso-/nagem	fí-/sico	individua-/lismo

A separação de sílabas, que se faz pronunciando as palavras por sílabas, marca-se com o hífen. Para fazer essa separação silábica, deve-se seguir algumas regras.

Regra geral: não se separam as letras de uma mesma sílaba.

34 GRAMÁTICA E ORTOGRAFIA

Regras práticas

1. Não se separam as letras:

a) de ditongos:

ou-ro	ré-g**ua**	fa-mí-**lia**	b**oi**-a-da
c**ou**-ve	ba-l**ei**-a	des-m**ai**-o	

b) de tritongos:

Pa-ra-g**uai**	sa-g**uão**	q**uai**s-quer
a-ve-ri-g**uou**	U-ru-g**uai**-a-na	

c) dos dígrafos **nh**, **ch**, **lh**, **gu** e **qu**:

ni-**nh**o	fi-**ch**a	co-**lh**ei-ta
guer-ra	a-**qu**e-le	

d) dos encontros consonantais pronunciados na mesma sílaba:

blo-co	**pr**a-to	vi-**dr**o

2. Separam-se as letras:

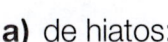

a) de hiatos:

s**a**-**ú**-va	s**a**-**í**-da	**a**-**i**n-da
L**u**-**a**	co-r**o**-**a**	z**o**-**o**-ló-gi-co

b) dos dígrafos **rr**, **ss**, **sc**, **sç** e **xc**:

ca**r**-**r**i-nho	pá**s**-**s**a-ro	de**s**-**c**i-da
na**s**-**ç**a	e**x**-**c**e-ção	

c) dos encontros consonantais pronunciados em sílabas diferentes:

di**g**-**n**o	a**d**-**m**i-rar	su**b**-**m**a-ri-no	a**p**-**t**o
ré**p**-**t**il	té**c**-**n**i-co	ma-li**g**-**n**o	e-cli**p**-**s**e

1. Separe as sílabas das palavras destacadas.

   a) Nosso país está **passando** por um bom momento. _____

   b) Não adianta chorar pelo leite **derramado**. _____

   c) A **massa** do bolo estava uma delícia. _____

   d) Coloquei o suco na **jarra** para servir às **pessoas**. _____

   e) No domingo, tive de **apressar** o **passo** para chegar a tempo.
   _____

2. Complete as frases com as palavras do quadro. Ao escrevê-las, faça a separação silábica.

   florescer – piscina – consciente – nascimento – risco

   a) Estou esperando o meu jardim _____.

   b) Sou _____ do _____ que corro fazendo essa manobra.

   c) O _____ do meu filho foi o dia mais feliz da minha vida.

   d) Mandei construir uma _____ enorme na minha casa.

3. Leia e, depois, separe as sílabas.

   outubro _____   repouso _____

   outono _____   ouriço _____

   ouro _____   roubar _____

   roubo _____   touro _____

GRAMÁTICA E ORTOGRAFIA

GRAMÁTICA 5 — Gênero do substantivo (2)

Tatu

– Alô, o tatu taí?
– Não, o tatu num tá,
mas a mulher do seu tatu tando,
é o mesmo que o tatu tá.

Ciça. *O livro do trava-língua*.

O substantivo "tatu" apresenta **uma única forma** para o masculino e para o feminino. Trata-se de um **substantivo uniforme**.

> **Substantivo uniforme** é aquele que apresenta uma única forma para o masculino e para o feminino.

Os substantivos uniformes podem ser classificados como:
- comum de dois gêneros;
- sobrecomum;
- epiceno.

Comum de dois gêneros

Compare:
Mário é um **pianista**.
Maria é uma **pianista**.

37

O substantivo "pianista":
- possui uma só forma para os dois gêneros;
- tem o gênero indicado pelo artigo (o, a, um, uma).

"Pianista" é um **substantivo comum de dois gêneros**.

Veja outros exemplos:

Masculino	Feminino	Masculino	Feminino
o artista	**a** artista	**o** imigrante	**a** imigrante
o colega	**a** colega	**o** jovem	**a** jovem
o cliente	**a** cliente	**o** jornalista	**a** jornalista
o dentista	**a** dentista	**o** mártir	**a** mártir
o gerente	**a** gerente	**o** estudante	**a** estudante

Sobrecomum

Compare as frases:
Carlos é uma **criança**.
Neide é uma **criança**.

O substantivo "criança":
- refere-se a pessoas;
- possui um só gênero para indicar o sexo masculino e o feminino.

"Criança" é um substantivo **sobrecomum**.

Veja outros exemplos:

a criatura	o indivíduo	o carrasco
a pessoa	o algoz	a testemunha
a vítima	o monstro	o cônjuge

GRAMÁTICA E ORTOGRAFIA

Epiceno

Leia a frase:

> A **baleia** é um animal manso.

O substantivo "baleia":
- refere-se a animais;
- possui um só gênero para indicar o sexo dos animais.

"Baleia" é um **substantivo epiceno**.
Para se indicar o sexo, acrescentam-se ao substantivo as palavras **macho** ou **fêmea**.

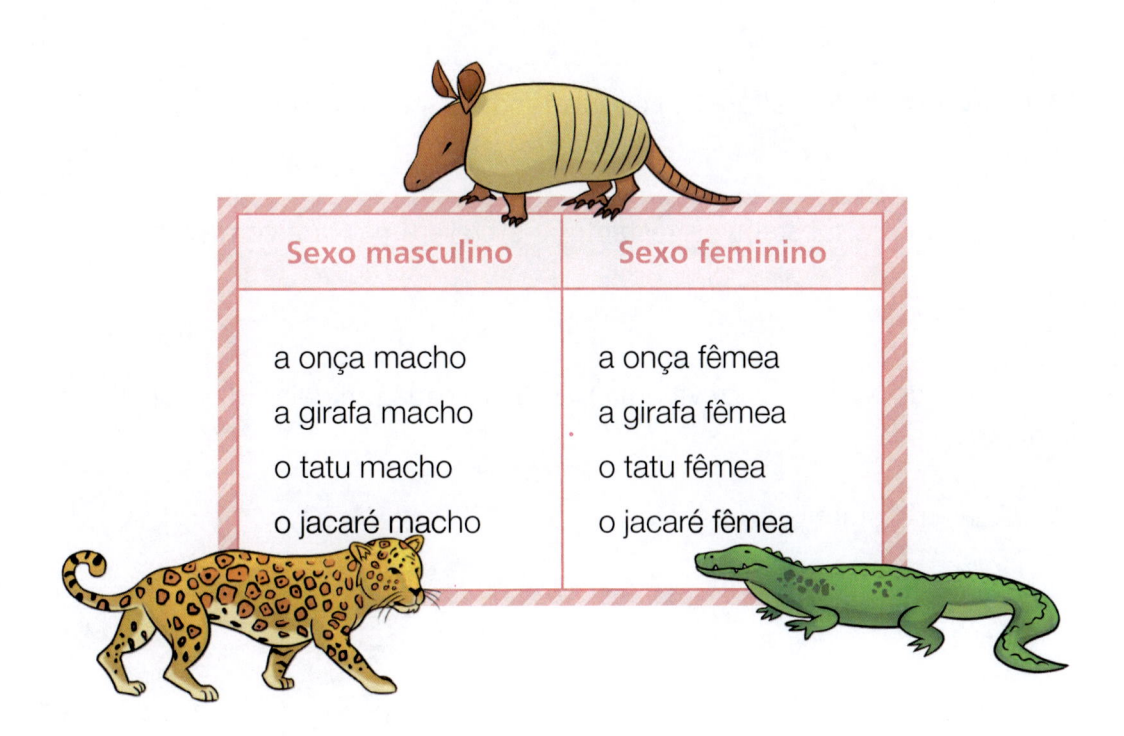

Sexo masculino	Sexo feminino
a onça macho	a onça fêmea
a girafa macho	a girafa fêmea
o tatu macho	o tatu fêmea
o jacaré macho	o jacaré fêmea

ATIVIDADES

1 Observe os substantivos abaixo e faça o que se pede.

vítima   cobra   artista   onça

pulga   criatura   jornalista   testemunha

gerente   gavião   criança   cliente

a) Reescreva os substantivos comuns de dois gêneros.

_____

b) Escreva em ordem alfabética os substantivos sobrecomuns.

_____

c) Classifique os substantivos restantes e escreva uma frase com eles.

_____

2 Observe os desenhos e escreva uma frase para cada um deles, de acordo com as indicações.

a) Use um substantivo sobrecomum.

_____
_____
_____

b) Use dois substantivos comuns de dois gêneros.

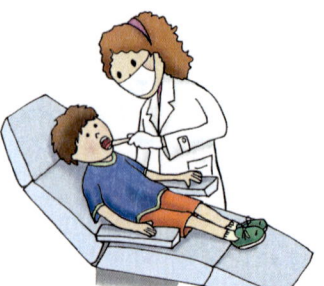

_____
_____
_____

GRAMÁTICA E ORTOGRAFIA

c) Use um substantivo epiceno.

_____

_____

_____

3 Complete as frases com os substantivos do quadro. Use **o** ou **a** antes de cada um deles.

> telefonista – vítima – flautista
> indígena – imigrante – doente

a) _____ saiu para caçar. A caça, entre muitos povos indígenas, é atividade que cabe aos homens.

b) Sob aplausos, _____ retirou-se emocionada da sala de apresentação.

c) O médico o avisou dos riscos que corria, por isso, _____ seguiu suas orientações.

d) _____ do acidente foi levada para o hospital mais próximo.

e) _____ pediu-lhe que retornasse a ligação porque ela estava ocupada no momento.

f) O meu avô foi _____ que primeiro teve contato com o cônsul ao chegar ao Brasil, nos anos finais de 1800.

4 Passe para o feminino:

a) Este menino é um excelente pianista.

_____

b) O dentista cuidou de seu cliente.

_____

c) O gerente recebeu os estudantes.

_____

ORTOGRAFIA 5

Grafia com -isar e -izar

COMUNICADO

O Centro de Pesquisa Ecológico do Tietê deverá **analisar**, até o final deste mês, projetos apresentados pelos alunos das escolas do Ensino Médio do estado, criados com o objetivo de propor soluções inovadoras para **fiscalizar** as agressões ao meio ambiente.

Observe as palavras destacadas do texto:

analisar   fiscalizar

Por que uma se escreve com **s** e outra com **z**?

A palavra **analisar** é derivada de "análise". Observe que, em sua palavra primitiva, o **s** já existe:

análi**s**e + -ar = anal**isar**

O verbo **fiscalizar** é formado com a palavra "fiscal" + a terminação **-izar**:

fiscal + **-iz**ar = fiscal**izar**

-isar					-izar				
avi**s**o	+	-ar	=	avi**sar**	real	+	**-izar**	=	real**izar**
parali**s**ia	+	-ar	=	parali**sar**	suave	+	**-izar**	=	suav**izar**
pesqui**s**a	+	-ar	=	pesqui**sar**	humano	+	**-izar**	=	human**izar**
improvi**s**o	+	-ar	=	improvi**sar**	civil	+	**-izar**	=	civil**izar**
preci**s**o	+	-ar	=	preci**sar**	moderno	+	**-izar**	=	modern**izar**
					regular	+	**-izar**	=	regular**izar**

ATIVIDADES

1 Forme novas palavras usando a terminação **-izar**.

a) tornar suave: _____

b) tornar real: _____

c) tornar humano: _____

d) tornar global: _____

e) tornar tranquilo: _____

f) tornar banal: _____

g) tornar nacional: _____

h) tornar inferior: _____

2 Escreva a palavra que deu origem aos verbos abaixo.

analisar: _____   precisar: _____

pesquisar: _____   improvisar: _____

avisar: _____   paralisar: _____

3 Escreva um comunicado no qual sejam usadas pelo menos uma palavra terminada por **-isar** e outra por **-izar**.

4 Complete as palavras do texto com **s** ou **z**:

Dá até para transformar a vida

A internet constrói pontes entre pessoas. É como uma janela que se abre para o mundo.

Travé_____ da internet, professores de verdade podem dar aulas e corrigir lições.

A internet permite que as crianças que tiveram de mudar para outro paí_____ possam estudar em sua língua de origem.

Existem muitas coisas ainda a se reali_____ar utili_____ando a internet.

Na rede da internet, graças a programas especiais, alguns mú_____icos – que também conhecem informática – marcam encontro e tocam regularmente juntos, fazendo mú_____ica *on-line*. Eles nunca se encontraram "de verdade", mas isso não os impede de tocar juntos durante horas e até de improvi_____ar.

Michele Mira Pons. *A internet em pequenos passos.*

5 Confusão no porto.
Os barcos precisam encontrar o píer certo. Complete as palavras e os ajude a atracar no local correto.

avi___ar   reali___ar   humani___ar   civili___ar

pesqui___ar   improvi___ar   regulari___ar   preci___ar

Píer do z	Píer do s

GRAMÁTICA 6

Número do substantivo

O alto Ártico

Os **ursos-polares** passam a maior parte do tempo em banquisas de gelo. Como eles são excelentes nadadores, conseguem ir de uma banquisa a outra.

As **morsas** nadam com agilidade. Elas mergulham fundo e usam bigodes sensíveis para achar as presas que ficam enterradas na areia. Então, cavam o chão usando os dentões, as nadadeiras e jatos de água que lançam com a boca.

Trenós puxados por **cães** são o meio de transporte tradicional usado pelos povos do Ártico para se deslocar sobre o gelo.

As **lebres-do-ártico** são brancas durante todo o tempo e se camuflam na neve. A ponta de suas orelhas é preta, talvez para absorver a luz solar e manter as orelhas aquecidas.

Recreio: enciclopédia de ecologia.

Os nomes dos animais de que trata o texto foram usados no plural. Observe as flexões de número no quadro a seguir:

Singular	Plural
o urso-polar	os ursos-polares
a morsa	as morsas
o cão	os cães
a lebre-do-ártico	as lebres-do-ártico

Quanto à flexão de número, os substantivos podem estar no:

1. singular – indicam um único ser ou um conjunto de seres considerados como um todo (substantivo coletivo). Exemplos:

mesa   exército
bola   povo

2. plural – indicam mais de um ser ou mais de um conjunto. Exemplos:

mesas   exércitos
bolas   povos

Formação do plural

1. Substantivos terminados em vogal ou ditongo recebem um **-s**:

página	–	página**s**	céu	–	céu**s**
cipó	–	cipó**s**	pé	–	pé**s**
pai	–	pai**s**	herói	–	herói**s**

2. Substantivos terminados em **-al, -el, -ol, -ul**, trocam o **-l** por **-is**:

anim**al**	–	anima**is**	lenç**ol**	–	lençó**is**
quint**al**	–	quinta**is**	rouxin**ol**	–	rouxinó**is**
past**el**	–	pasté**is**	az**ul**	–	azu**is**
coron**el**	–	coroné**is**	far**ol**	–	faró**is**

3. Substantivos terminados em **-il**:

a) trocam o **-il** por **-is** se forem oxítonos. Exemplos:

barril   –   barr**is**
funil   –   fun**is**
canil   –   can**is**
fuzil   –   fuz**is**

b) trocam o **-il** por **-eis** se forem paroxítonos. Exemplos:

réptil   –   répt**eis**
projétil –   projét**eis**

4. Substantivos terminados em **-m** trocam o **-m** por **-ns**:

armazém	–	armaz**éns**	álbum	–	álbu**ns**
item	–	ite**ns**	som	–	so**ns**
fim	–	fi**ns**	médium	–	médiu**ns**

5. Substantivos terminados em **-r**, **-z** ou **-s** (oxítonos) recebem o acréscimo de **-es**:

mar	–	mar**es**	luz	–	luz**es**
cor	–	cor**es**	freguês	–	fregues**es**
nariz	–	nariz**es**	mês	–	mes**es**

6. Substantivos terminados em **-s** (não oxítonos) permanecem invariáveis:

o lápis	–	**os** lápis
o ônibus	–	**os** ônibus
o pires	–	**os** pires
o cais	–	**os** cais

7. Substantivos terminados em **-ão** formam plural de três maneiras:

a) trocam o **-ão** por **-ões**:

coração	–	coraç**ões**	questão	–	quest**ões**
balão	–	bal**ões**	fração	–	fraç**ões**
estação	–	estaç**ões**	opinião	–	opini**ões**
lampião	–	lampi**ões**	limão	–	lim**ões**

b) trocam o **-ão** por **-ães**:

escrivão	–	escriv**ães**	capitão	–	capit**ães**
pão	–	p**ães**	alemão	–	alem**ães**

c) trocam o **-ão** por **-ãos**:

cidadão	–	cidad**ãos**	órfão	–	órf**ãos**
irmão	–	irm**ãos**	chão	–	ch**ãos**
pagão	–	pag**ãos**	grão	–	gr**ãos**

ATIVIDADES

1) Complete as frases a seguir com as palavras do quadro, colocando-as no plural:

réptil – pantanal – funil – caracol

a) Os jacarés são _____ que têm o corpo coberto por uma pele dura.

b) Na ponta das antenas dos _____ ficam os olhos desses animais.

c) Os _____ de Cuiabá e Miranda são subdivisões do Pantanal Mato-Grossense.

d) Os _____ têm a forma de cone.

2) Passe para o plural:

a) O motorista de ônibus está em greve.

b) A senhora depositou a xícara sobre o pires.

c) O garoto pintou o desenho com o lápis de cor.

d) O trabalhador do cais tem uma vida dura.

3) Escreva as frases no plural:

a) O leão demarca seu território.

b) O pão era o alimento matinal.

c) O cão descende do lobo.

4 Observe a transformação:

> O pescador lançou o anzol.
> Os pescad**ores** lanç**aram** os anz**óis**.

Faça o mesmo:

a) O nadador alcançou o farol.
_____

b) O caçador atingiu o rouxinol.
_____

c) O agricultor guardou o milho no paiol.
_____

d) O vereador dobrou o lençol.
_____

e) O lavrador encontrou um caracol.
_____

5 Observe a transformação:

> Esta folhag**em** est**á** florid**a**.
> Estas folhag**ens** est**ão** florid**as**.

Faça o mesmo:

a) Esta paisagem está mudada.
_____

b) Esta viagem está animada.
_____

c) Esta engrenagem está enferrujada.
_____

d) Esta passagem está desimpedida.
_____

e) Este armazém está cheio.
_____

ORTOGRAFIA 6 — Vírgula

Emprega-se a vírgula para:

1. separar palavras de uma enumeração:

> Comprei **caderno**, **livro**, **lápis** e **apontador**.

> Não se usa a vírgula antes da conjunção aditiva **e**.

2. separar, na frase, palavras que indicam chamamento:

> — **Meu filho**, que é que você está carregando aí?

3. separar as palavras explicativas **isto é** ou **por exemplo**:

> D. Pedro II proclamou nossa Independência, **isto é**, libertou nosso país de Portugal.

4. separar as datas:

> São Paulo, **20 de maio de 1990**.

5. separar palavras de valor explicativo:

> O rapaz, **órfão de pai e mãe**, saiu pelo mundo.

6. separar as várias ações do personagem:

> **Peguei** todas as bonecas, **levei** para o fundo do quintal, **fiquei** pensando na minha infância.

GRAMÁTICA E ORTOGRAFIA

ATIVIDADES

1 Leia os textos e use vírgula onde achar necessário. Depois, confira suas respostas com as dos colegas de classe.

a) Será que você consegue dizer o que cobras tartarugas lagartos e crocodilos têm em comum? Já lembrou? É isso todos eles são répteis animais com o corpo coberto por pele seca com escamas e escudos. [...]

b) Os répteis têm sangue frio isto é seu corpo fica na mesma temperatura que a do ambiente em que estão. Se faz calor o corpo esquenta. Se faz frio ficam gelados. [...]

c) Tartarugas cágados e jabutis são os únicos répteis com casco. Quando sentem o perigo escondem cabeça patas e rabo dentro da carapaça como se ela fosse uma casa para se proteger. [...]

Escamas e escudos – os répteis.

2 Reescreva o texto, usando a vírgula corretamente.

Multitarefa

Já pensou que legal ter um equipamento que funciona como chuveiro pinça trator aspirador respirador corneta e abraçador? É incrível mas existe algo assim: a tromba do elefante. Ela serve para beber respirar farejar empurrar e pegar coisas tomar banho emitir sons (ufa!) e ainda para fazer carinho nos filhotes.

Revista *Recreio*, n. 484, 18 jun. 2009.

GRAMÁTICA 7 — Grau do substantivo

As pessoas, os objetos e os animais podem apresentar **variações de tamanho**. Observe o exemplo a seguir:

Casa	Casa grande	Casa pequena
Tamanho **normal**	Tamanho **maior** que o normal	Tamanho **menor** que o normal

A essas variações de tamanho dos substantivos damos o nome de **grau**.

O grau dos substantivos possui duas formas:

Grau aumentativo	Grau diminutivo
casa grande	casa pequena

GRAMÁTICA E ORTOGRAFIA

Grau aumentativo

Pode-se indicar o grau aumentativo:
1. com os adjetivos **grande**, **imenso**, **enorme**:

Nome	Grau aumentativo
cabeça	cabeça **grande**
muro	muro **enorme**
barco	barco **imenso**

2. com as terminações **-ão**, **-aça**, **-aço**, **-alha**, **-ona**, **-az**, **-ázio**, **-eirão**, **-orra**:

Nome	+	Terminação	=	Grau aumentativo
papel		**-ão**		papel**ão**
vidro		**-aça**		vidr**aça**
rico		**-aço**		ric**aço**
muro		**-alha**		mur**alha**
mulher		**-ona**		mulher**ona**
carta		**-az**		cart**az**
copo		**-ázio**		cop**ázio**
voz		**-eirão**		voz**eirão**

Grau diminutivo

Pode-se indicar o grau diminutivo:
1. com os adjetivos **pequeno**, **reduzido**, **minúsculo**:

Nome	Grau diminutivo
livro	livro **pequeno**
sala	sala **minúscula**

2. com as terminações **-inho, -zinho, -ito, -ebre, -ejo, -eta, -ico, -im, -isco, -oca, -ola, -ote, -ucho, -úsculo:**

Nome	+	Terminação	=	Grau diminutivo
livro		-inho		livr**inho**
café		-zinho		cafe**zinho**
cabra		-ito		cabr**ito**
casa		-ebre		cas**ebre**
lugar		-ejo		lugar**ejo**
sala		-eta		sal**eta**
burro		-ico		burr**ico**
flauta		-im		flaut**im**
chuva		-isco		chuv**isco**
sítio		-oca		siti**oca**
bandeira		-ola		bandeir**ola**
menino		-ote		menin**ote**
papel		-ucho		papel**ucho**
corpo		-úsculo		corp**úsculo**

Plural dos diminutivos

Para se formar o plural do diminutivo, elimina-se o **-s** da forma plural da palavra e acrescenta-se a terminação **-zinhos**.

Nome	Plural	Troca -s por -zinhos	Diminutivo plural
pão	pães	pãe + zinhos	pãezinhos
pincel	pincéis	pincéi + zinhos	pinceizinhos
quintal	quintais	quintai + zinhos	quintaizinhos

ATIVIDADES

1. Substitua as palavras em destaque por uma só palavra.

   a) Mora em uma **casa pequena**.

   b) Amanhã, nós nos reuniremos em uma **sala pequena**.

   c) Silmara ganhou um **cão pequeno**.

   d) Todas as crianças acenavam **bandeiras pequenas**.

   e) Naquela tarde caiu uma **chuva fraca**.

2. Reescreva as frases empregando o substantivo no grau aumentativo nas palavras destacadas:

   a) Aquele menino possui um **nariz enorme**.

   b) Uma **voz forte** ecoou na sala.

   c) Ninguém consegue pular aquele **muro enorme**.

   d) No meu aniversário, haverá uma **grande festa**.

3 Dê o plural das palavras e, depois, dos diminutivos, observando os exemplos.

a) animal   animais   animaizinhos

b) jornal   _____   _____

c) pastel   _____   _____

d) leão   _____   _____

e) cão   _____   _____

f) canal   _____   _____

g) pão   _____   _____

4 Escreva uma história para uma criança de 5 ou 6 anos, na qual apareçam as palavras de cada quadro no grau indicado.

Grau diminutivo: menina – lugar – casa

Grau aumentativo: voz – muro – nariz

ORTOGRAFIA 7 — Grafia dos diminutivos

Palavras com -(s)inho/-zinho

Compare os dois grupos de palavras:

Grupo 1	Grupo 2
casa – ca**s**inha	café – cafe**z**inho
mesa – me**s**inha	papel – papel**z**inho

Por que, no diminutivo, as palavras do grupo 1 são escritas com **s** e no grupo 2 são escritas com **z**?

1. No grupo 1, o diminutivo é formado com o acréscimo da terminação **-inho(a)**. A letra **s** aparece na palavra primitiva.

casa + -inha = ca**s**inha
mesa + -inha = me**s**inha

2. No grupo 2, o diminutivo é formado com o acréscimo da terminação **-zinho**.

café + -zinho = cafe**z**inho
papel + -zinho = papel**z**inho

Atrás/traz

Observe:
a) A menina **traz** uma rosa para a professora.

b) Andem um **atrás** do outro.

traz → verbo trazer

atrás → palavra indicativa de lugar

57

ATIVIDADES

1) Escreva as palavras do quadro no grau diminutivo, distribuindo-as em dois grupos de acordo com o elemento comum entre elas.

urso – luz – mesa – casa – rio – papel – bolsa – homem

Grupo 1	Grupo 2

2) Reescreva as frases, substituindo as palavras em destaque pelos seus antônimos **traz** ou **atrás**.

a) O ônibus **leva** os passageiros para o trabalho.
_____

b) Ele **leva** o livro para a escola.
_____

c) Ficou parado **em frente ao** gol.
_____

d) Os alunos permaneceram **em frente ao** professor.
_____

e) O carro parou **em frente ao** colégio.
_____

f) A carroça **leva** os mantimentos.
_____

GRAMÁTICA E ORTOGRAFIA

3 Complete as frases com **traz** ou **atrás**.

a) O vestido tem um laço _____.

b) Fabiano nada _____ para o lanche.

c) O posto de saúde fica _____ daquele prédio.

d) Tempos _____, ele se candidatou a prefeito.

e) Você _____ livros para fazermos a pesquisa?

f) É um texto que _____ informações importantes.

g) O cão vinha correndo _____ de um gato.

4 Copie as frases, pontuando-as corretamente.

a) Ia conhecer outras terras outros rios outras matas

_____

b) Moraria nas árvores da mata na torre da igreja no céu azul

_____

c) O homem me levou à sala de curativos pediu um algodão com água oxigenada e passou a mão na minha cabeça

_____

d) O homenzinho miúdo levantou-se tirou um papel do bolso desdobrou-o pôs-se a ler

_____

e) Precisa ver que reizinho chato que ele ficou! Mandão teimoso implicante xereta!

_____

_____

GRAMÁTICA 8 — Artigo

O lobo e a menina

Era uma vez **um** lobo.

Era uma vez **uma** menina que tinha medo do lobo.

O lobo morava no sonho da menina.

Quando **a** menina dizia que não queria ir dormir porque tinha medo do lobo, a mãe respondia:

— Bobagem, menina, sonho é sonho. Esse lobo não existe.

Marina Colasanti.
O lobo e o carneiro no sonho da menina.

As palavras destacadas no texto acompanham o substantivo, dando a ele uma ideia:

a) definida – **o** lobo, **a** menina
b) indefinida – **um** lobo, **uma** menina

Essas palavras pertencem à classe dos **artigos**.

> **Artigo** é uma palavra que acompanha o substantivo, dando-lhe uma ideia definida ou indefinida.

Classificação

Artigo definido: o, a, os, as.
Artigo indefinido: um, uma, uns, umas.

ATIVIDADES

1 Copie as frases substituindo:
- o artigo definido pelo artigo indefinido;
- o artigo indefinido pelo artigo definido.

a) **O** menino leu **um** livro.

_____

b) **Uma** mulher pegou **a** bolsa.

_____

c) **Os** cachorros fugiram com **uns** biscoitos.

_____

2 Complete o texto com artigos **definidos** ou **indefinidos**.

Foi _____ alegria quando começou a correr na Terra _____ notícia da grande festa que a Lua ia dar no seu palácio de prata.

E foi _____ espanto quando se soube que _____ festa não era oferecida ao Sol ou a qualquer outro astro de primeira grandeza, mas sim em honra de _____ estrelinha, _____ menor das estrelinhas que brilhavam no céu.

Por que estranha fantasia _____ Lua, _____ alva soberana das noites luminosas, ia abrir _____ portas do seu palácio para receber festivamente _____ estrelinha humilde, _____ pobre estrelinha sem classificação na multidão de estrelas do firmamento? Por quê?

Viriato Corrêa. _A estrelinha_.

3 Leia as frases com atenção. Identifique nelas as palavras **o**, **os**, **a**, **as** que não são artigos, sublinhando-as com lápis de cor.

a) Os alunos trouxeram os livros e os colocaram na caixa de coleta.

b) O proprietário comprou as terras e logo as vendeu por um preço bem mais alto.

c) João pegou a bola e a jogou para Pedro.

d) O macaco pegou o coco e o jogou para o alto.

Reúna-se com seu grupo. Confiram as palavras que vocês sublinharam e respondam: Por que essas palavras não são artigos?

_____
_____
_____
_____

4 O texto seguinte é uma fábula. Sublinhe os artigos.

A Raposa e as uvas

Uma Raposa faminta estava passando por uma parreira carregada de uvas maduras. Com uma vontade enorme de comê-las, começou a dar vários saltos para alcançar os cachos. De tanto tentar, acabou se cansando sem ao menos ter tocado em uma única uva.

Por fim, desistiu e foi embora. Para esconder seu desapontamento, disse para si mesma: "As uvas estão é verdes. Não vale a pena o esforço".

Fábulas de Esopo.

ORTOGRAFIA 8

Acentuação das oxítonas

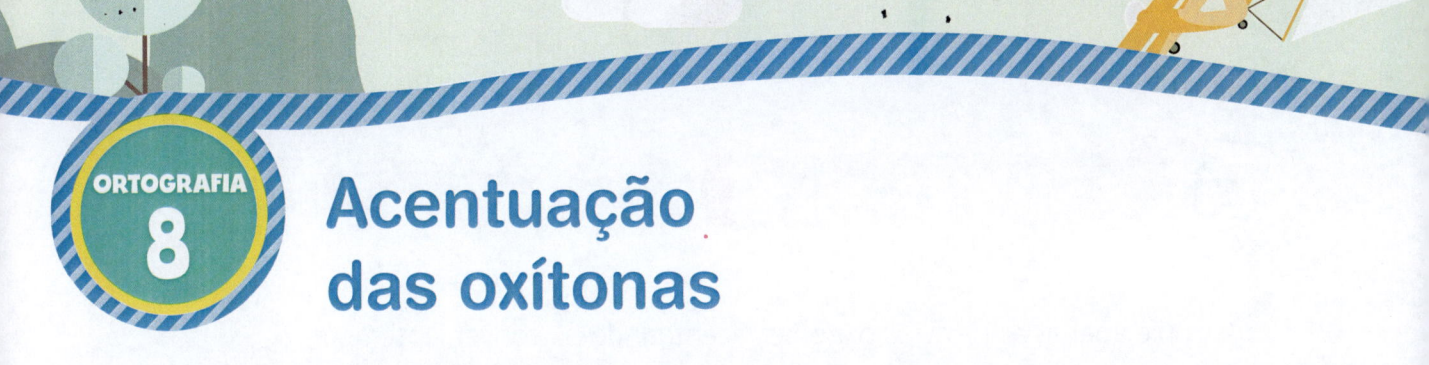

Um conjunto de jardins é...

Um jardim botânico, na verdade, é um conjunto de jardins, com várias tendências. Alguns jardins botânicos tradicionais dedicam-se a temas específicos como o jardim tipo japonês, chinês, inglês, grego, romano, italiano, francês etc., de acordo com o país. Outros dividem os jardins segundo a época histórica: clássico, barroco, rococó, contemporâneo ou mesmo misto.

Revista *Ciência Hoje das Crianças*,
n. 200, abr. 2009.

Observe as palavras do texto terminadas por **a(s)**, **e(s)**, **o(s)**:

Oxítonas	Paroxítonas
japonês – chinês – maçã – jacá – rococó – inglês	verdade – acordo – grego – misto – romano – temas – italiano – conjunto

Você pode constatar que a maioria das palavras terminadas por **a(s)**, **e(s)**, **o(s)** são paroxítonas. Poucas palavras com essa terminação são oxítonas. Por esse motivo, são acentuadas apenas as oxítonas.

Regra: acentuam-se as palavras oxítonas terminadas por **a(s)**, **e(s)**, **o(s)**.

63

ATIVIDADES

1 Copie apenas as palavras oxítonas, acentuando-as convenientemente.

você _____ dia _____ pele _____

bola _____ almoço _____ após _____

até _____ alias _____ lilas _____

livro _____ atrás _____ através _____

2 Todas as palavras do quadro a seguir devem ser acentuadas. Copie-as, acentuando segundo a regra:

proparoxítonas – todas as palavras são acentuadas.

oxítonas – são acentuadas as palavras terminadas em **a(s)**, **e(s)**, **o(s)**.

umido	nomade	bussola	antipatico	transito
flamula	rococo	arvore	simpatico	Parana
marques	glandula	cocegas	file	chines
detras	satanas	urupe	domino	merito
camelo	guiche	folclorico	voce	cipo

Proparoxítonas: _____

_____

Oxítonas: _____

3 Observe:

chineses – chin**ês**

Você pode notar que no singular a palavra **chinês** foi acentuada por ser oxítona terminada em **-ês**.

Escreva no singular:

camponeses – _____ fregueses – _____

portugueses – _____ holandeses – _____

japoneses – _____ ingleses – _____

64 GRAMÁTICA E ORTOGRAFIA

GRAMÁTICA 9 — Adjetivo

Tatipirun

Havia um menino diferente dos outros meninos: tinha o olho direito preto, o **olho esquerdo azul** e a cabeça pelada. Os vizinhos mangavam dele e gritavam:

— Ó pelado!

Tanto gritaram que ele se acostumou, achou o apelido certo, deu para se assinar a carvão, nas paredes: Dr. Raimundo Pelado. Era de bom gênio e não se zangava; mas os garotos dos arredores fugiam ao vê-lo, escondiam-se por detrás das árvores da rua, mudavam a voz e perguntavam que fim tinham levado os cabelos dele. Raimundo entristecia e fechava o olho direito. Quando o aperreavam demais, aborrecia-se, fechava o olho esquerdo. E a cara ficava toda escura.

Graciliano Ramos. *Alexandre e outros heróis*.

Observe as palavras destacadas do texto. Elas informam as características do nome. Veja:

olho → nome

esquerdo azul → características

As palavras que informam as características do nome pertencem à classe do **adjetivo**.

Adjetivo é a palavra que indica característica.

ATIVIDADES

1) Complete, utilizando adjetivos, de acordo com o texto da página 65.

a) O olho direito era _____

b) O olho esquerdo era _____

c) A cabeça era _____

d) Raimundo tinha um gênio _____

e) Quando se entristecia, fechava o olho _____

f) Sua cara ficava _____

2) Dê os antônimos dos adjetivos destacados.

a) gênio **bom** – gênio _____

b) olho **esquerdo** – olho _____

c) roupa **escura** – roupa _____

d) areia **molhada** – areia _____

3) Escolha três adjetivos do quadro para completar a fala da personagem, de acordo com o que acontece na tirinha.

magrela – dentuça – linda – gorducha – boazinha – baixinha

ORTOGRAFIA 9 — Palavras terminadas em -l

1. Compare os dois grupos de palavras:

Oxítonas	Paroxítonas
papel – anel – bedel – pastel – animal – farol	amável – fácil – possível – ágil – horrível – adorável

Você pode notar que nos dois grupos as palavras são terminadas em **-l**, mas apenas as palavras paroxítonas são acentuadas. Isso nos permite registrar a regra de acentuação ao lado:

> Acentuam-se as palavras paroxítonas terminadas em **-l**.

2. Há muitos adjetivos formados de substantivos ou verbos + uma terminação. Veja duas terminações formadoras de adjetivos:

Substantivo	+	Terminação	=	Adjetivo
dente		-al		dental
espaço		-al		espacial
comércio		-al		comercial

Verbo	+	Terminação	=	Adjetivo
amar		-vel		amável
substituir		-vel		substituível
tolerar		-vel		tolerável

ATIVIDADES

1) Veja a seguir uma relação de palavras terminadas em **-l**. De acordo com a regra, você viu que são acentuadas apenas as palavras paroxítonas. Copie-as na coluna ao lado, acentuando-as convenientemente.

Palavras terminadas em -l	Paroxítonas em -l
agil – vinil – funil – tratavel – questionavel – pernil – rouxinol – responsavel – facil – coquetel – animal – possivel – total – dificil – industrial	_____ _____ _____ _____

2) Escreva as frases no singular.

a) Elas parecem pessoas amáveis.

_____

b) As telas dos computadores são muito sensíveis.

_____

c) Vocês querem ser crianças responsáveis?

_____

d) Estes jogos são muito fáceis.

_____

3) Complete as palavras com **l** ou **u**. A seguir, copie a palavra.

chapé____ – _____   anima____ – _____

pince____ – _____   trofé____ – _____

amáve____ – _____   sensaciona____ – _____

GRAMÁTICA E ORTOGRAFIA

4 Juliano escreveu uma carta para sua avó. Mas antes de colocar no correio pediu para você ler. Havia alguns probleminhas de ortografia. Ajude Juliano a corrigir esses erros, escrevendo novamente a carta.

> São Sebastião, 12 de março de 2009.
>
> Alá, vovó,
>
> Estou com saldade de você. Queria ter ido te visitar no finau de semana, mas o mau tempo não deixou.
>
> O automóveu do papai quebrou e, por isso, nós estamos apenas com a moto. Tenho certeza de que teria sido legau passar o sábado e o domingo com a senhora e o vovô. O papai falou que talvez no finau de semana que vem o carro já esteja arrumado e então vamos visitá-los!
>
> Diga ao vovô que eu não vejo a hora de chegar aí para jogarmos futebou.
>
> Beijos,
> Juliano.

GRAMÁTICA 10 — Concordância nominal

Observe exemplos da relação do **artigo** e do **adjetivo** com o **substantivo**:

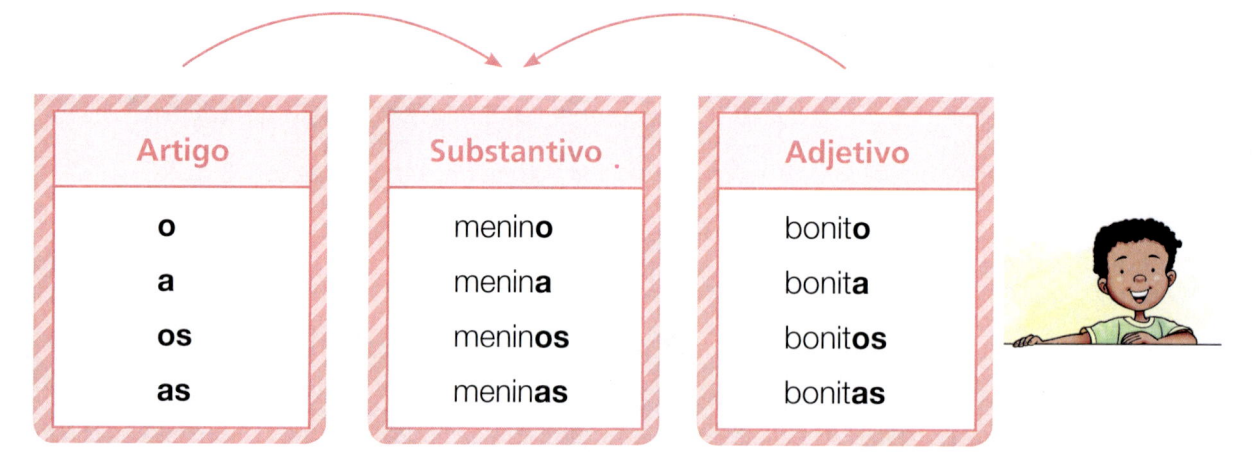

Artigo	Substantivo	Adjetivo
o	menino	bonito
a	menina	bonita
os	meninos	bonitos
as	meninas	bonitas

Você pode notar que o artigo e o adjetivo tiveram a terminação adaptada para concordar em gênero (masculino/feminino) e número (singular/plural) com o substantivo. A essa adaptação do artigo e do adjetivo ao substantivo damos o nome de concordância do nome ou **concordância nominal**.

Regra básica da concordância nominal

Observe o exemplo a seguir:

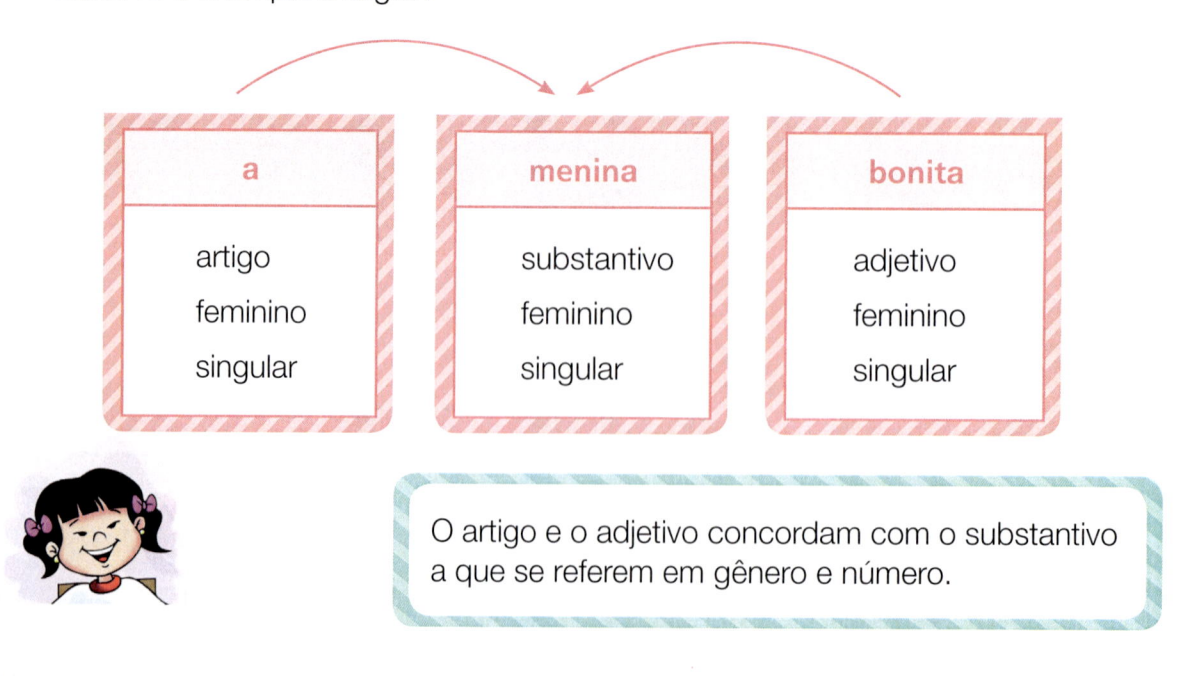

a	menina	bonita
artigo	substantivo	adjetivo
feminino	feminino	feminino
singular	singular	singular

O artigo e o adjetivo concordam com o substantivo a que se referem em gênero e número.

ATIVIDADES

1 Escreva um artigo definido e um adjetivo para acompanhar os substantivos dados a seguir:

Artigos	Substantivos	Adjetivos
	camponesas	
	pastéis	
	juíza	
	quintais	
	opiniões	

2 Reescreva as frases, passando as expressões destacadas para o plural.

a) Ela apenas olhava **o quintal abandonado**, **o móvel gasto**, **a mesa rachada**, **o jardim ainda florido** e pensava como tinha sido feliz naquela paisagem.

b) A peça estrearia no dia seguinte com **novo figurino, ator e atriz experientes** e **cenário deslumbrante**.

3 Observe os adjetivos do quadro.

> ruim – espanhol – ateu – inferior – hebreu
> otimista – plebeu – europeu – comum – feliz – judeu

a) Escreva esses adjetivos de acordo com a classificação proposta no quadro abaixo:

Uniforme	Biforme

b) Escreva os adjetivos biformes no feminino.

_____

c) Escreva os adjetivos uniformes no plural.

_____

4 Passe para o feminino:

o homem ateu – _____   o menino são – _____

o cantor espanhol – _____ o barão cortês – _____

5 Invente uma frase usando as palavras abaixo no plural:
o jogo ruim

_____

a canção infantil

_____

o carro veloz

_____

ORTOGRAFIA 10

Palavras com -em ou -ens

1. Compare os dois grupos de palavras:

Oxítonas
também – ninguém – armazém – armazéns – além – reféns

Paroxítonas
viagem – jovem – garagem – homens – tatuagem – massagens

Você pode notar que nos dois grupos as palavras são terminadas por **-em** ou **-ens**, mas apenas as palavras oxítonas são acentuadas. Isso nos permite registrar a seguinte regra de acentuação:

Regra: acentuam-se as palavras oxítonas terminadas por -em/-ens.

Grafia de viagem e viajem

a) A viagem foi transferida.
b) É preciso que eles viajem.

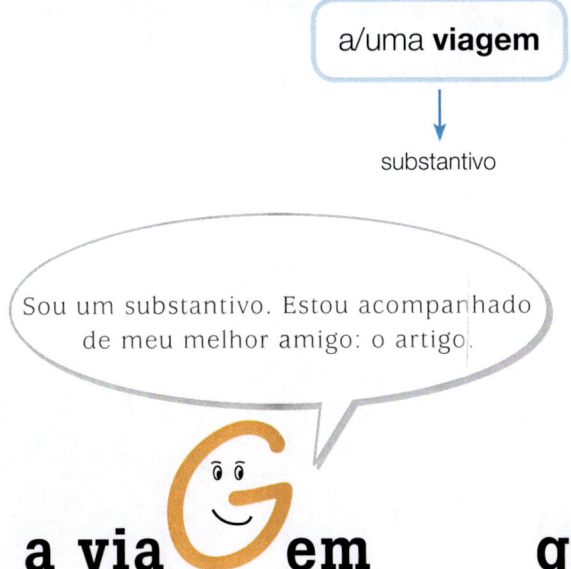

a/uma **viagem** → substantivo

que eles **viajem** → verbo

Sou um substantivo. Estou acompanhado de meu melhor amigo: o artigo.

a viaGem

Vivo no tempo. Eles e elas me acompanham. Sou um verbo.

que eles viaJem

73

ATIVIDADES

1 Veja a seguir um conjunto de palavras terminadas por **-em** ou **-ens**. Copie ao lado apenas as palavras oxítonas, acentuando-as convenientemente.

Palavras terminadas por -em ou -ens	Oxítonas
homem – dublagem – lavagem – tatuagem	_____
tambem – armazem – alguem – vaivem	_____
viagem – pajem – garagem – vaivens	_____
ninguem – colagens – garagens – alem	_____
vintem – refem – massagem – refens	_____

2 Copie as frases completando-as com **viagem** ou **viajem**.

a) Não quero que eles...

_____

b) ... foi cansativa.

_____

c) Que... gostosa!

_____

d) Talvez eles... amanhã bem cedo.

_____

3 Complete com **viagem** ou **viajem**.

Um dia estavam conversando o macaco, a lebre e o lagarto e surgiu o assunto da _____ do sonho de cada um.

O macaco disse:

– Meu sonho é fazer uma _____ para Bananal.

– Ah! Pois a _____ que penso em fazer é para São Paulo, correr na Corrida de São Silvestre, falou a Lebre.

– Eu espero que vocês _____ muito bem, mas a minha _____ vai ser para o Sol.

– Você quer fazer uma _____ para o Sol? – disse o macaco. – Mas lá é muito quente.

– Alou! Eu vou viajar à noite!

4 Imagine que você é funcionário de uma agência de publicidade. O diretor solicita que você faça um folheto de propaganda com os seguintes dados:

Assunto: viagem a uma ilha misteriosa.
Objetivo: conhecer e explorar os encantos de uma ilha misteriosa.
Público: jovens.
Texto: no texto de propaganda devem ocorrer as seguintes palavras – **viagem** e **viajem**.

Escreva o folheto contendo esses dados nas linhas a seguir:

_____
_____
_____
_____
_____

75

Grau comparativo

GRAMÁTICA 11

Um ser pode possuir, em relação a outro ser, uma característica em grau **superior**, **igual** ou **inferior**.

1. Grau superior – **comparativo de superioridade**

> Paulo é **mais** alto **do que** Renato.

2. Grau igual – **comparativo de igualdade**

> Paulo é **tão** alto **quanto** Carlos.

3. Grau inferior – **comparativo de inferioridade**

> Renato é **menos** alto **do que** Paulo.

Os adjetivos **bom**, **mau**, **grande** e **pequeno** possuem formas diferentes para o comparativo de superioridade.

Adjetivo	Comparativo de superioridade	Exemplo
bom	melhor	Você é **melhor** do que eu.
mau	pior	Ela é **pior** do que você.
grande	maior	João é **maior** do que Antônio.
pequeno	menor	Sandra é **menor** do que Paulo.

ATIVIDADES

1 Complete as frases usando os adjetivos nos graus indicados nos parênteses.

a) Maura é _____ Paula.
(eficiente – superioridade)

b) Meu pai é _____ meu avô.
(simpático – igualdade)

c) Rosana é _____ eu.
(alta – inferioridade)

d) Minha professora é _____ a sua.
(boa – superioridade)

e) Este sapato é _____ aquele.
(pequeno – superioridade)

2 Informe o grau em que estão os adjetivos.

a) O sabiá é tão afinado quanto o canário.
grau _____

b) O revólver é mais perigoso do que a espada.
grau _____

c) O general é menos valente do que o soldado.
grau _____

d) Aquele livro está mais estragado do que este.
grau _____

e) Nossa escola é maior do que o supermercado.
grau _____

3 Complete as frases no grau comparativo, escolhendo adjetivos que você julgue adequados.

a) Aldo é _____ Maurício.

b) As peras são _____ as maçãs.

c) A Lua é _____ o Sol.

d) A cabra é _____ a aranha.

e) O homem é _____ a mulher.

f) A geladeira é _____ o fogão.

4 Consulte um mapa político do Brasil e construa uma frase comparando os estados de cada item quanto ao **tamanho**.

a) Amazonas – Piauí

_____

_____

b) Paraná – Minas Gerais

_____

_____

c) São Paulo – Santa Catarina

_____

_____

d) Pernambuco – Bahia

_____

_____

ORTOGRAFIA 11 — Usos de mais e mas

> **Querido diário otário,**
> Minha mãe e eu tivemos uma "conversa" sobre moda hoje, depois do jantar. É claro que ela não tem a menor noção do que é legal. Eu disse pra ela que ela não sabia como as roupas são coisas fundamentais, e ela disse que as roupas não eram **mais** importantes agora do que quando ela estava no colégio. Daí eu disse que entendia que naquela época ela podia colocar qualquer coisa que não ia fazer muita diferença pro Fred, pra Vilma, pro Barney e pro resto da galera das minas de carvão, **mas** que as coisas eram diferentes hoje em dia.
>
> Jim Benton. *Querido diário otário, tem um fantasma na minha calça!*

Observe as palavras destacadas do texto:

... ela disse que as roupas não eram **mais** importantes agora do que quando ela estava no colégio.

... e pro resto da galera das minas de carvão, **mas** que as coisas eram diferentes hoje em dia.

Além da diferença na grafia, há outra diferença entre elas:

Mais indica intensidade. Tem o sentido de **muito**, **bastante**.
Mas indica ideia contrária. Pode ser substituído por **porém**.

MAIS → intensidade

MAS → ideia contrária

ATIVIDADES

1) Complete as lacunas com **mais** ou **mas**.

a) Fale _____ alto, pois ele é meio surdo.

b) Chegue _____ perto, _____ fale baixo, por favor.

c) O caderno custou _____ caro do que eu imaginava.

d) Estudei, _____ não entendi a matéria.

e) Eu respeito os seus direitos, _____ você também deve respeitar os meus.

2) Há duas frases a seguir incorretas quanto ao uso de **mas** e **mais**. Indique o que está incorreto nelas e, depois, copie todas as frases.

a) Chegarei na hora combinada, mais você não se atrase.

_____

b) Quanto mais converso com Paulo, mais gosto dele.

_____

c) Leu o texto, mais não entendeu o conteúdo.

_____

d) Falou, falou, mas não conseguiu convencer sua mãe.

_____

3) Construa uma frase em que apareçam as palavras **mas** e **mais**.

_____

_____

_____

_____

4 Leia com atenção o trecho a seguir.

> A mulher correu para o quarto, trancou a porta e telefonou para a amiga Suzana, tem um homem aqui na sala, sentado no sofá A amiga, que ainda não sentira o drama, perguntou não é seu pai? Ela exclamou nervosíssima Se for papai, é pior Por quê? Porque papai já morreu

Agora, organize um diálogo, empregando adequadamente três sinais de pontuação:

- ponto-final
- dois-pontos
- travessão

_____
_____
_____
_____
_____
_____
_____

5 Separe as palavras que indicam vocativo por meio de vírgula.

a) Carlos você terminou o exercício?
_____

b) Não faça isso Marta!
_____

c) Mamãe eu volto logo.
_____

81

GRAMÁTICA 12

Grau superlativo

Eu sou pequenino

Meu irmão é grandão,
Do tamanho de papai.
Minha irmã é quase
Do tamanho de mamãe.

Lá em casa
Todo mundo cresceu demais,
Ninguém quer brincar comigo.
Só sabem dizer:
— Você é muito pequeno,
Faz tudo errado.

Então inventei um brinquedo,
Assim:
É só estalar os dedos,
De um jeito que eu sei.

E as pessoas encolhem, encolhem,
Ficam do tamanho da joaninha.
Aí a gente brinca o tempo todo,
Até cansar.
Mas como eles são muito pequeninos,
Fazem tudo errado.
Não sabem brincar.

Então eu faço cara feia,
Finjo de bravo
E brinco mais um pouco.
Eles ficam com medo.
Mas não ensino para eles,
De jeito nenhum,
O truque de estalar os dedos.

Carlos Felipe Moisés. *Poeta aprendiz.*

O menino do texto possui uma característica importante.

> O menino é **pequeno**.

Mas ele possui essa característica em grau **elevado**, **exagerado**.

> O menino é **muito pequeno**.   O menino é **pequenino**.

Para informar uma característica em grau elevado, usa-se o adjetivo no **grau superlativo**.

A língua portuguesa possui várias formas de indicar o grau superlativo.

Primeira forma

O adjetivo vem precedido das palavras **muito**, **bastante**, **bem**, **super**. Veja:

> O menino era **muito pequeno**.   O menino era **bastante pequeno**.
> O menino era **bem pequeno**.   O menino era **superpequeno**.

Segunda forma

Usa-se o adjetivo no diminutivo. Observe os exemplos a seguir:

> O menino era **pequenino**.
> "Era uma vez um menino **maluquinho**."
> O menino era **magrinho**.

Terceira forma

Acrescenta-se a terminação **-íssimo** depois do adjetivo. Observe:

> Ele estava **cansadíssimo**.
> O menino morava em um planeta **estranhíssimo**.
> A meninada está **contentíssima**.

Relação de superlativos

ágil	–	agilíssimo, agílimo	**hábil**	–	habilíssimo
agradável	–	agradabilíssimo	**horrível**	–	horribilíssimo
alto	–	altíssimo, supremo	**humilde**	–	humildíssimo, humílimo
amargo	–	amarguíssimo, amaríssimo	**infeliz**	–	infelicíssimo
amável	–	amabilíssimo	**livre**	–	libérrimo
amigo	–	amicíssimo, amiguíssimo	**magro**	–	magríssimo, magérrimo
antigo	–	antiguíssimo, antiquíssimo	**mau**	–	malíssimo, péssimo
áspero	–	aspérrimo	**miserável**	–	miserabilíssimo
baixo	–	baixíssimo, ínfimo	**mísero**	–	misérrimo
bom	–	boníssimo, ótimo	**negro**	–	nigérrimo
célebre	–	celebérrimo	**notável**	–	notabilíssimo
comum	–	comuníssimo	**pequeno**	–	pequeníssimo, mínimo
confortável	–	confortabilíssimo	**pobre**	–	pobríssimo, paupérrimo
cruel	–	crudelíssimo	**popular**	–	popularíssimo
difícil	–	dificílimo	**provável**	–	probabilíssimo
doce	–	docíssimo, dulcíssimo	**ruim**	–	péssimo
fácil	–	facílimo	**sábio**	–	sapientíssimo
feliz	–	felicíssimo	**sagrado**	–	sacratíssimo
feroz	–	ferocíssimo	**sensível**	–	sensibilíssimo
fiel	–	fidelíssimo	**simples**	–	simplíssimo
frágil	–	fragílimo	**terrível**	–	terribilíssimo
frio	–	friíssimo	**veloz**	–	velocíssimo
grande	–	grandíssimo, máximo	**visível**	–	visibilíssimo

GRAMÁTICA E ORTOGRAFIA

ATIVIDADES

1 Leia as frases e escreva, nas linhas, uma palavra ou um conjunto de palavras que podem ser usadas no lugar das palavras em destaque.

a) Um homem tinha três filhos: os dois mais velhos eram **muito espertos** e o caçula não passava de um bobalhão.

b) Era uma vez um rei e uma rainha que queriam muito ter um filho, mas precisariam esperar anos e anos para que seu desejo se realizasse. Ficaram **felicíssimos** quando finalmente tiveram uma menina e convidaram sete fadas para madrinhas.

c) Era uma vez um rei que tinha uma filha **terrivelmente mentirosa**. Um dia, ele anunciou que quem conseguisse mentir mais que a princesa e, no fim, a fizesse dizer "Mentira!", ganharia sua mão em casamento e metade do reino.

d) Um velho camponês tinha três filhos **muito preguiçosos**, que nem sequer pensavam em trabalhar para ajudá-lo. Crivado de dívidas que nunca conseguia saldar, o pobre homem se viu obrigado a cortar o pequeno arvoredo que seu pai lhe deixara e vender a madeira para pagar os credores.

Neil Philip, *Volta ao mundo em 52 histórias*.

2 Reescreva o texto, usando os adjetivos destacados no grau superlativo.

Afrodite e a escrava

Um homem, **apaixonado** por sua escrava **feia** e **má**, sempre atendia a todos os seus pedidos. A escrava logo passou a se vestir e se enfeitar com luxo e começou a rivalizar com a sua dona.

Ela sempre dava honras a Afrodite e, dia após dia, realizava sacrifícios, orava, implorava e suplicava à deusa para que a deixasse **bela**.

Certo dia, em resposta às orações, Afrodite apareceu à escrava em sonho e disse: "Não me agradeça, pois não te darei beleza. Na realidade, estou é **furiosa** e **aborrecida** com este homem a quem você está parecendo tão bela".

Fábulas de Esopo.

_____
_____
_____
_____
_____
_____
_____

3 Vamos confeccionar as pedras de um dominó?

Só que, no lugar dos símbolos que aparecem nas pedras do jogo, você vai escrever adjetivos superlativos.

Recorte 10 retângulos em cartolina ou outro papel mais resistente, faça uma linha dividindo-os ao meio e escreva os adjetivos e superlativos, como a seguir.

velocíssimo	simples		ruim	frio
difícil	péssimo		amicíssimo	feroz
pequeno	amigo		amabilíssimo	mínimo
facílimo	veloz		simplicíssimo	amável
friíssimo	fácil		ferocíssimo	dificílimo

Para brincar, você deve unir os pares.

Não pode sobrar nenhuma "peça" do seu dominó.

4 Dê o superlativo dos adjetivos.

difícil _____   veloz _____

fácil _____   amigo _____

feroz _____   simples _____

5 Complete as frases com o adjetivo no grau superlativo.

a) Freud é _____. (célebre)

b) Ele é um biólogo _____. (ilustre)

c) O cão é _____. (fiel)

d) A humanidade está _____. (feliz)

e) A raposa é _____. (esperta)

f) Esse garoto é _____. (pobre)

g) Sua irmã está _____. (magra)

h) Visitei um castelo _____. (antigo)

6 Classifique o adjetivo de acordo com o grau em que ele foi empregado.

(1) grau comparativo de igualdade
(2) grau comparativo de inferioridade
(3) grau comparativo de superioridade
(4) grau superlativo

☐ Rodrigo é menos forte do que Ricardo.

☐ O elefante é maior do que o boi.

☐ Aquele ator é muito famoso.

☐ O carneiro é tão manso quanto o cabrito.

☐ A tuberculose é uma doença perigosíssima.

ORTOGRAFIA 12 — Palavras com l e u

O ácaro cara de pau

Um ácaro cara de pau
Invadiu a minha casa
Fez o maior carnaval
Se enrolou no cobertor
Avançou no avental
E finalmente acampou
Em um colchão de casal [...]

[...] Agora vivo espirrando
De uma maneira infernal
O nariz fica escorrendo
É um tremendo baixo-astral
Não é que esse cara de pau
Me expulsou da minha casa
E agora eu durmo no quintal?

José Santos. *A volta ao mundo em 80 dias bichos.*

Você pode notar que as letra **l** e **u** representam um mesmo som. Compare:

Palavras com l
colchão – avental – finalmente – casal – expulsou – carnaval

Palavras com u
pouco – enrolou – louco – acampou – couve – invadiu

Mal/mau

Observe a frase a seguir:

> Lobo **mau** ataca a vovozinha e se dá **mal**.

Na frase, a palavra **mau** refere-se ao substantivo **lobo** e indica uma **característica**.

Já a palavra **mal** refere-se ao verbo e indica o **modo**.

Uma regra prática para saber empregar **mal** e **mau** é trocar essas palavras por um antônimo.

Mal	é contrário de **bem**.
Mau	é contrário de **bom**.

> Lobo **bom** ataca a vovozinha e se dá **bem**.

88 GRAMÁTICA E ORTOGRAFIA

ATIVIDADES

1 Copie as frases, substituindo adequadamente as palavras em destaque por seus antônimos **mal** ou **mau**:

a) Ele chegou de **bom** humor.

_____

b) Para os indígenas, Anhangá é um espírito **bom**.

_____

c) A velhinha ouvia muito **bem**.

_____

d) Roberto foi **bem** nos exames.

_____

e) Você ainda vai se dar **bem**.

_____

2 Descubra a palavra de acordo com o significado apresentado em cada item.

_____ par formado por macho e fêmea

_____ período de três dias anteriores à Quarta-feira de Cinzas, dedicado a festejos, bailes, desfiles e folguedos populares

_____ de aparência estranha, anormal, fora do habitual; tresloucado

_____ peça de pano, plástico ou couro, presa pelo pescoço e pela cintura, usada para proteger a roupa em certos tipos de trabalho

_____ pequeno mamífero com o dorso coberto por espinhos curtos e lisos e as partes inferiores por pelos

89

_____ material valioso de cor amarela usado em joalheria, próteses dentárias, refletores de luz infravermelha, vidros coloridos etc.

_____ material de consistência macia (natural ou sintético), que, colocado sobre o estrado da cama, recobre a superfície do móvel

3 No texto abaixo, a vírgula não foi colocada adequadamente. Use-a quando for necessário.

Extinção de espécies

Peixes tartarugas baleias tigres papagaios macacos elefantes insetos corais e outros invertebrados: inúmeras espécies são hoje ameaçadas de extinção. Quando uma ou mais espécies desaparecem o equilíbrio do ecossistema sofre sérios distúrbios. Muitas das espécies conhecidas pelo homem estão em perigo: o panda gigante da China o cervo-da-tailândia e a baleia-azul são alguns exemplos. Espécies vegetais como as orquídeas de Chiapas no México também estão ameaçadas.

François Michel. *Ecologia em pequenos passos.*

4 Invente uma notícia. Atenção: nessa notícia, você deve usar pelo menos dois adjetivos no grau superlativo.

mau   mal

_____
_____
_____
_____
_____

GRAMÁTICA 13

Numerais

O rumo que os números têm

Era uma vez dez barquinhos.
Eram todos vermelhinhos.
O número um é o primeiro.
É singular, masculino,
Mas ele tem feminino.
O dois é repetição.
É o outro,
É o amigo,
É o companheiro,
O irmão.
E agora vem o três
Que chega na sua vez.
É portanto o terceiro,
Está pertinho do dois
E bem junto do primeiro.
Quero ver dizer três vezes:
Um tigre, dois tigres, três tigres,
Sem nenhuma vez errar.
Não vale mudar o jogo
E outro bicho chamar.

Sylvia Santos Álvares. *O rumo que os números têm.*

Observe as palavras destacadas:

três tigres

dez barquinhos

As palavras **três** e **dez** indicam quantidade. Pertencem à classe dos **numerais**.

Numeral é uma classe de palavras que indica quantidade, ordem, multiplicação ou fração.

Os numerais são classificados em:
1. **cardinais** – indicam quantidade
   um, dois, cinco, dez...

2. **ordinais** – indicam ordem
   primeiro, segundo, quinto, décimo...

3. **multiplicativos** – indicam multiplicação
   dobro ou duplo, triplo...

4. **fracionários** – indicam divisão, fração
   meio, um sexto, dois quintos...

Cardinal	Ordinal	Multiplicativo	Fracionário
um	primeiro	duplo ou dobro	meio
dois	segundo	triplo	terço
três	terceiro	quádruplo	quarto
quatro	quarto	quíntuplo	quinto
cinco	quinto	sêxtuplo	sexto
seis	sexto	sétuplo	sétimo
sete	sétimo	óctuplo	oitavo
oito	oitavo	nônuplo	nono
nove	nono	décuplo	décimo
dez	décimo		
onze	décimo primeiro		
doze	décimo segundo		
vinte	vigésimo		
trinta	trigésimo		
quarenta	quadragésimo		
cinquenta	quinquagésimo		
sessenta	sexagésimo		
setenta	septuagésimo		
oitenta	octogésimo		
noventa	nonagésimo		
cem	centésimo		

ATIVIDADES

1 Observe a figura e escreva três frases sobre ela usando numerais ordinais.

a) _____

b) _____

c) _____

2 Complete o texto com os numerais do quadro, escrevendo-os por extenso.

110 – 152 – 78

As tartarugas-marion, das Ilhas Seychelles, no Oceano Índico, detêm o recorde de longevidade entre os animais: _____ anos de idade. O mamífero de vida mais longa é o homem. Alguns vivem mais de _____ anos. Depois, vem o elefante asiático, com _____ anos.

Marcelo Duarte. *O guia dos curiosos*.

3 Imagine que você já é adulto e tem um talão de cheques. O que compraria? Escolha o produto que você quer comprar e informe o valor. Preencha o cheque corretamente para fazer sua compra.

R$ _____

Pague por este
cheque a quantia de _____

_____ a

_____

_____ de _____

4 Escreva, por extenso, o numeral ordinal correspondente.

a) Ele foi o _____ colocado na competição. (13º)

b) Essa é a _____ vez que passo por aqui. (27ª)

c) Hoje meus pais comemoram o _____ aniversário de casamento. (35º)

d) Pela _____ vez, escute o que eu digo! (100ª)

e) Você precisa alcançar, pelo menos, o _____ lugar. (6º)

5 Classifique os numerais citados a seguir.

a) Nosso time marcou **oito** gols. (_____)

b) Fiquei com **um terço** do dinheiro. (_____)

c) Foi classificada em **oitavo** lugar. (_____)

d) Recebeu **o triplo** de mim. (_____)

e) As meninas receberão **o dobro**. (_____)

ORTOGRAFIA 13

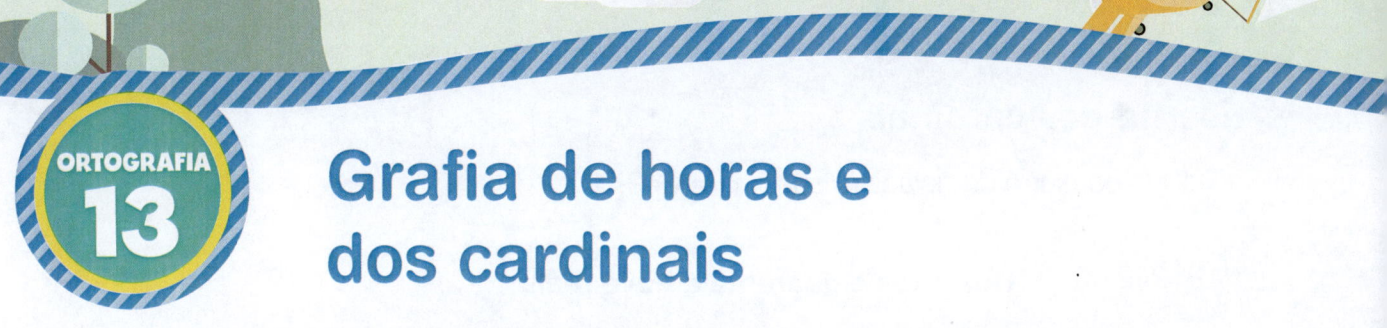

Grafia de horas e dos cardinais

Observe a maneira como foram abreviadas as horas:

Horário	Segunda	Terça	Quarta	Quinta	Sexta
7h30	Português	Ciências	Matemática	Música	Arte
8h20	Matemática	Português	Geografia	Português	Geografia
9h10	Ed. Física	História	Português	História	Português
Intervalo: 10h – 10h20					
10h20	Arte	Matemática	Arte	Ed. Física	Matemática
11h10	História	Inglês	Música	Matemática	Espanhol
12h	Geografia	Ed. Física	Espanhol	Inglês	Ciências

Curuminzada

No espetáculo *Curuminzada* tem música e contação, de graça. Sesc Consolação. Rua Dr. Vila Nova, 245. Tel.: 3234-3000. De 1º até 30 de maio, aos sáb., às 11h.

Meio Ambiente

22 de abril é o Dia Mundial do Planeta Terra e no Shopping Frei Caneca tem atividade sobre o meio ambiente. Rua Frei Caneca, 569. Sáb., 12h às 20h; dom., 14h às 20h. Grátis.

Estadinho, nº 1112, 18 abr. 2009.

Ao abreviar as horas:
- não se coloca ponto depois do **h**;
- a abreviatura de horas não tem plural;
- não se usam dois-pontos depois do numeral.

Para indicar os minutos, pode-se também escrever o símbolo **min** (minutos) depois das horas:
7h30min   10h35min

95

Escrita dos cardinais

1. O conserto da geladeira custou R$ 249,00.

| 249,00 | **Duzentos e quarenta e nove reais** |

Você pode observar que se usa o conectivo **e** entre centenas, dezenas e unidades.

2. Uma geladeira nova custa R$ 1.560,00.

| 1.560,00 | **um mil, quinhentos e sessenta reais** |

Você pode notar que não se usa **e** entre o milhar e a centena.

3. A loja X está fazendo promoção de computadores:

| de R$ 1.300,00   por   R$ 1.050,00 |

De **um mil e trezentos reais**
por **um mil e cinquenta reais**

Você pode notar que se usa **e** quando a centena terminar por dois zeros ou começar com zero.

4. Recebeu R$ 245,50 pelo conserto do carro.

| 245,50 | **duzentos e quarenta e cinco reais e cinquenta centavos** |

Você pode notar que não se usa **e** antes dos centavos.

5. Cinco balas custaram R$ 0,50.

| 0,50 | **cinquenta centavos** |

ATIVIDADES

1) Escreva as horas de forma abreviada:

a) nove horas _____

b) doze horas _____

c) cinco horas e trinta minutos _____

d) vinte horas e quarenta e cinco minutos _____

2) Os horários dos voos estão meio confusos. Organize-os de acordo com a sequência das horas.

Horário	Destino
	São Paulo/Campo Grande
	São Paulo/Fortaleza
	São Paulo/Porto Alegre
	São Paulo/Curitiba
	São Paulo/Brasília
21h15	São Paulo/Salvador

8h45   20h

13h30   14h15

10h15   21h15

3 Refaça os cartazes, escrevendo as horas de forma abreviada.

A próxima sessão de cinema deve começar às vinte horas e trinta minutos.

Horário das aulas de reposição

Língua Portuguesa:
das oito horas às nove horas e cinquenta minutos.

Matemática:
das dez horas e dez minutos às onze horas e quinze minutos.

Ciências:
das onze horas às doze horas.

GRAMÁTICA 14 — Pronomes pessoais

O peixe encantado

Era uma vez um pescador muito pobre. **Ele** morava com a mulher numa choupana perto do mar e passava o dia pescando, mas o dinheiro que ganhava era sempre pouco.

Um dia, pescou um grande peixe dourado que **lhe** disse:

— Escute, pescador, não me mate. Não sou um peixe, mas um príncipe encantado. Quem **me** comer, vai comer carne de gente. Jogue-**me** de novo na água, pescador!

Maria Clara Machado. *Contos de Grimm*.

Observe a passagem do texto:

Era uma vez um **pescador** muito pobre. **Ele** morava com a mulher...

substantivo — pronome

Você pode constatar que a palavra **ele** refere-se a um substantivo e o substitui na frase. Pertence à casse dos **pronomes**.

Além de substtuir o substantivo, o pronome indica também a pessoa que participa da comunicação.

a) A pessoa que envia a comunicação é a primeira pessoa: **eu**, **nós**.

b) A pessoa a quem se destina a comunicação é a segunda pessoa: **tu**, **vós**.

c) A pessoa de que trata a comunicação é a terceira pessoa: **ele**, **ela**, **eles**, **elas**.

Os **pronomes** são, portanto, palavras que substituem o substanivo e indicam a pessoa que participa da comunicação.

Os pronomes podem indicar o **agente** de uma ação. É o **pronome pessoal reto**.

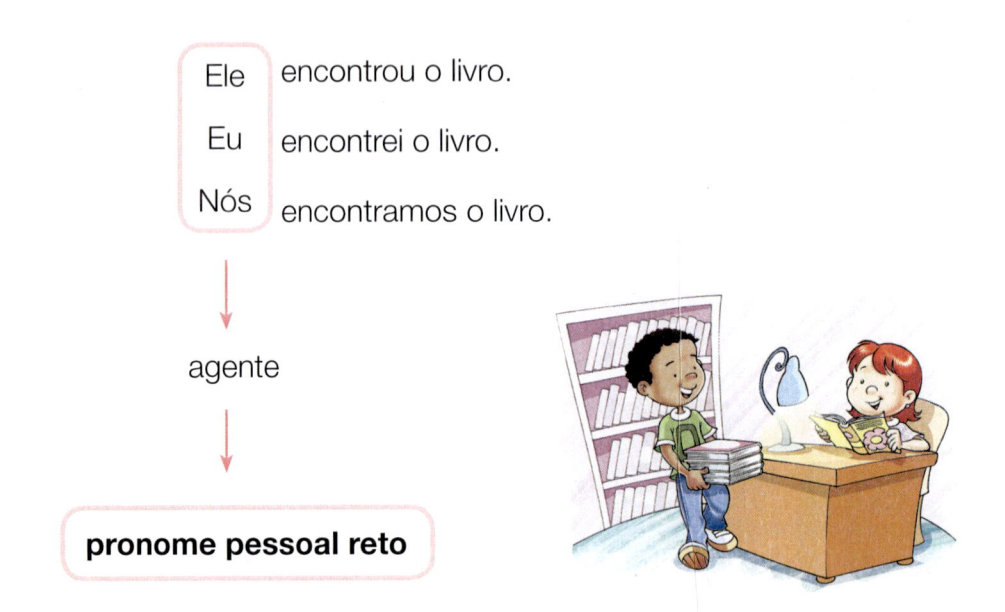

Ele encontrou o livro.
Eu encontrei o livro.
Nós encontramos o livro.

agente

pronome pessoal reto

Os pronomes pessoais podem indicar o **objeto** de uma ação. É o **pronome pessoal oblíquo**.

Ele me encontrou.
Eu o encontrei.
Nós o encontramos.

objeto da ação

pronome pessoal oblíquo

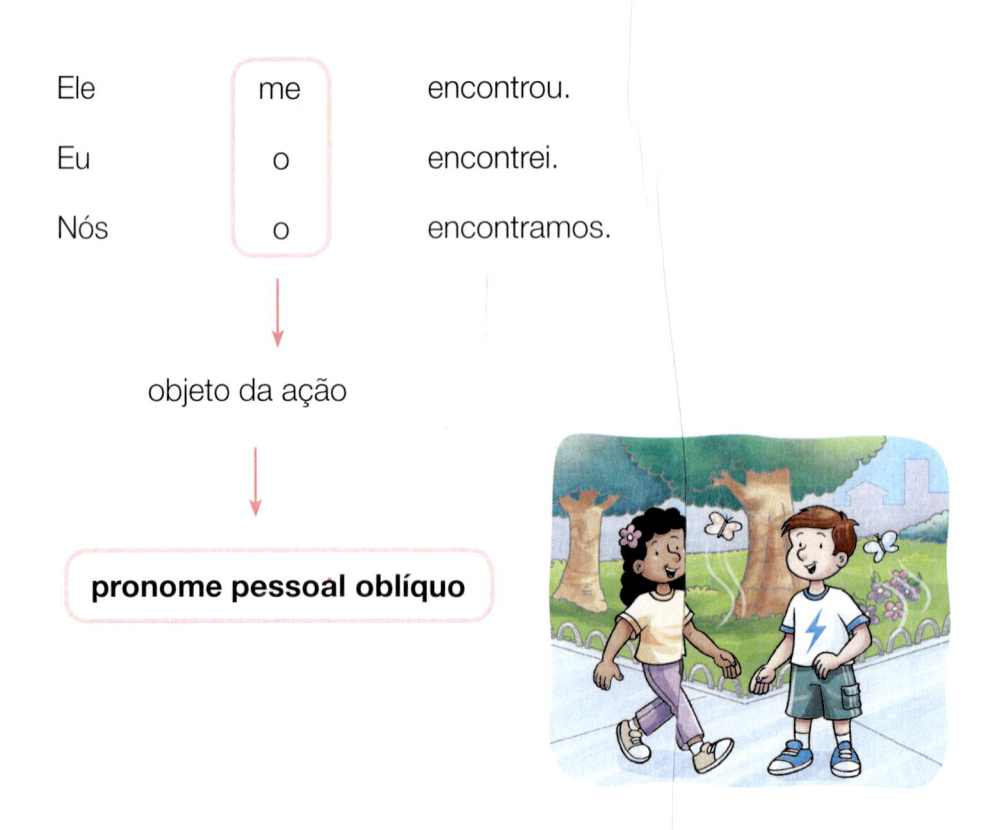

Observe o quadro de classificação dos **pronomes pessoais**.

	Pronomes pessoais	
	Retos	Oblíquos
1ª pessoa singular	eu	me, mim, comigo
2ª pessoa singular	tu	te, ti, contigo
3ª pessoa singular	ele, ela	se, si, o, a, lhe, consigo
1ª pessoa plural	nós	nos, conosco
2ª pessoa plural	vós	vos, convosco
3ª pessoa plural	eles, elas	se, si, os, as, lhes, consigo

Você e tu

A pessoa com quem se fala pode ser expressa também pelos pronomes de tratamento (você, senhor, Vossa Senhoria...), que serão apresentados na lição seguinte.

Esses pronomes, embora indiquem a pessoa com quem se fala (2ª pessoa), levam o verbo para a 3ª pessoa.

> Você saiu cedo?

Em muitas regiões do Brasil, o pronome **você** é usado no lugar do pronome **tu** para indicar a pessoa com quem se fala.

> — Eu quero inventar uma história. Mas não quero que minha história comece com "Era uma vez"...
> — A história tem que parecer com você.
> — Comigo?
> — Cada um tem o seu modo de contar. E você também terá o seu. E quando você conta a sua história, está inventando um mundo diferente do meu, do mundo da Mariana, do Thiago, da Paula, do Bruno e da Miriam. E a sua história vai parecer com você, será uma continuação de você.
>
> Ronald Claver. *A casa*.

ATIVIDADES

1. Sublinhe com um traço o agente e com dois traços o objeto.

   a) A plateia aplaudiu o espetáculo.

   b) Nós escrevemos uma novela.

   c) Tânia e Valter construíram uma casa.

2. Substitua o objeto em destaque por um pronome oblíquo.

   a) Encontrei **uma carteira** no chão.

   b) Lembrei **a turma** de nossa tarefa.

   c) A água invadiu **a casa**.

3. Troque o objeto pelo pronome oblíquo **lhe**.

   a) O pai entregou o documento **ao filho**.

   b) Os alunos enviaram uma lista **ao professor**.

   c) Passou a bola **ao adversário**.

4. Reescreva as frases, usando um pronome oblíquo da mesma pessoa gramatical.

   a) Plínio olhou **para mim** em silêncio.

   b) Lucas comprou **para nós** um lindo apontador.

5 Transforme as frases fazendo duas alterações:

- retire o pronome pessoal reto;
- substitua o substantivo por um pronome oblíquo.

a) **Eu** visitei **Marcos** ontem.

_____

b) **Ele** emprestou a **Pedro** todo o material.

_____

c) **Ela** convidou **Denise** para a festa de aniversário.

_____

6 Sublinhe os pronomes pessoais retos e circule os pronomes pessoais oblíquos.

a) Ela comprou um vestido, mas não vai usá-lo.

b) Ele trouxe consigo os documentos necessários.

c) Nós ficamos assustados com o que aconteceu contigo.

d) Eu ficarei muito grata quando concordarem comigo.

e) Vós levareis sempre convosco essa lembrança.

7 Indique, com uma seta, a palavra a que os pronomes em destaque se referem. Observe o modelo.

> Não vi Júlia hoje. Acho que **ela** não veio.

a) Um dia tudo isto será de nosso filho. Quero vê-**lo** feliz.

b) Marco, você não vai conseguir **se** equilibrar com esse sapato!

c) O presidente já foi informado de tudo. **Ele** deve chegar logo.

d) O réu tinha medo da lei e temia enfrentá-**la**.

ORTOGRAFIA 14 — Acentuação dos ditongos

Por que as estrelas parecem piscar no céu?

Na verdade, o pisca-pisca das estrelas é fruto de um fenômeno chamado pelos cientistas de cintilação, que acontece por causa do deslocamento da luz desses astros em direção à Terra. Esse efeito se dá porque a luz dos astros precisa atravessar a atmosfera do planeta, onde há gases que formam camadas que estão em diferentes temperaturas e em movimento constante. Portanto, para iluminar o **céu** terrestre, a luz das estrelas precisa passar por uma espessa e agitada camada de gases, causando o efeito de tremor das estrelas a que assistimos algumas vezes no céu.

Revista *Ciência Hoje das Crianças*, mar. 2009.

Você pode perceber que são acentuadas as palavras oxítonas terminadas pelos ditongos abertos **éu**, **ói**, **éi**.

Grupo A
judeu – depois – rei – efeito

Ditongo fechado

Grupo B
céu – troféu – faróis – papéis – heróis

Ditongo aberto

De acordo com a nova ortografia, não se acentuam os ditongos abertos (**oi**, **ei**) de palavras paroxítonas.

Veja outras palavras que não são acentuadas de acordo com a nova ortografia.

centopeia – apoio – assembleia – jiboia – ideia

ATIVIDADES

1 Passe o artigo e o substantivo para o plural.

o farol _____   o anzol _____

o caracol _____   o rouxinol _____

o paiol _____   o lençol _____

2 Passe o artigo e o substantivo para o plural.

um anel _____   um papel _____

um pastel _____   um tonel _____

um carretel _____   um pincel _____

3 As palavras da relação abaixo possuem um encontro vocálico **eu**. Distribua-as nas colunas segundo a pronúncia: **eu** (fechado) e **éu** (aberto). Atenção: quando a pronúncia for aberta, a palavra deve ser acentuada.

	Eu (fechado)	Eu (aberto)
judeu – reu		
chapeu – meu		
ceu – correu		
fogareu – povareu		
bebeu – fariseu		
trofeu – plebeu		
ateu – seu		

105

4 No texto abaixo, algumas palavras não estão acentuadas. Que palavras são essas? Sublinhe-as.

O ceu estava lindo quando Andreia saiu de casa. Ela procurou um lugar seguro em seu carro para guardar os importantes papeis que dariam o trofeu para o melhor cauboi do Rodeio Anual daquela tarde. Ela ligou o carro e seguiu para o Rodeio. No caminho, os girassois que ficavam ao redor da estrada estavam muito bonitos. O Rodeio foi muito bom e o campeão realmente mereceu o seu trofeu. Quando resolveu ir embora, Andreia percebeu que os farois de seu carro estavam queimados, ficou preocupada e, de repente, apareceu o seu heroi, um cauboi muito gentil que resolveu o problema. Andreia agradeceu e só depois se deu conta de que o seu heroi era o campeão do Rodeio.

Agora, copie as palavras que você sublinhou e acentue-as corretamente.

5 Parece que o *Jornal da Selva* não está por dentro da nova ortografia. Escreva os anúncios novamente, corrigindo o que for necessário.

Procura-se um namorado para a Senhorita Jibóia. Os interessados devem falar com a Senhora Coral para a entrevista.

Compro vinte pares de sapatos de números e cores iguais. Todos têm de ser de salto alto. Dona Centopéia.

Preciso de novidades para redecorar a minha árvore. Quem tiver boas idéias e puder ajudar, fale com o Macaco.

GRAMÁTICA 15

Pronomes de tratamento

A Fada Mensageira era o correio da Rainha. Tinha aquele hábito: entrava sempre pelo teto.

— Até que enfim uma fada útil neste palácio! — exclamou a Rainha. — Essa, pelo menos, faz alguma coisa! Traz muitas cartas?

— Não, Majestade. Desta vez só trago uma. Vem da Terra e parece muito esquisita.

E entregou à Rainha um envelope todo amarrotado.

A Rainha abriu-o e leu a seguinte carta:

Majestade,

Vossa Majestade está proibida de colorir a minha casa. Eu já disse que detesto coisas bonitas. Outra vez que Vossa Majestade quiser me embelezar ou embelezar a minha casa, Vossa Majestade vai se arrepender.

Depois não diga que não avisei.

Bruxa
Feiosa

Fernanda Lopes de Almeida. *A fada que tinha ideias.*

Compare as frases:

> **Você** está proibida de colorir a minha casa.
>
> **Vossa Majestade** está proibida de colorir a minha casa.

De acordo com a pessoa com quem conversamos, empregamos pronomes especiais.

você: no tratamento familiar;

Vossa Majestade: no tratamento com um rei ou uma rainha.

Esses pronomes são chamados **pronomes de tratamento**. Vamos conhecê-los?

Pronome de tratamento	Abreviatura	Usado para
Você	v.	pessoas íntimas, familiares
Senhor, Senhora	Sr., Sr.ª	pessoas de respeito
Vossa Senhoria Vossas Senhorias	V. S.ª V. S.ᵃˢ	pessoas de cerimônia, principalmente em cartas comerciais
Vossa Excelência Vossas Excelências	V. Ex.ª V. Ex.ᵃˢ	altas autoridades
Vossa Alteza	V. A.	príncipes e duques
Vossa Majestade	V. M.	reis, rainhas e imperadores
Vossa Santidade	V. S.	papa
Vossa Eminência Vossas Eminências	V. Em.ª V. Em.ᵃˢ	cardeais
Vossa Reverendíssima Vossas Reverendíssimas	V. Rev.ᵐª V. Rev.ᵐᵃˢ	sacerdotes

GRAMÁTICA E ORTOGRAFIA

ATIVIDADES

1 Escreva o pronome de tratamento que você usaria para se dirigir às seguintes pessoas:

a) a um rei ou a uma rainha – _____

b) a pessoas íntimas e familiares – _____

c) a um governador – _____

d) ao papa – _____

e) ao diretor de uma firma – _____

f) a um príncipe – _____

g) ao presidente da República – _____

h) a um padre – _____

2 Dê a abreviatura correspondente aos seguintes pronomes de tratamento:

Vossa Senhoria _____   Senhor _____

Vossa Santidade _____   Senhora _____

Vossa Excelência _____   Vossa Majestade _____

3 Relacione as colunas:

(1) Vossa Majestade   ( ) cardeais

(2) Vossa Alteza   ( ) rei

(3) Vossa Santidade   ( ) príncipe

(4) Vossa Eminência   ( ) papa

109

4 Observe as figuras e escreva uma frase sobre cada uma, usando pronomes de tratamento.

_____
_____

_____
_____

5 Reúna-se com um colega. Pensem em alguma coisa que vocês gostariam que mudasse no nosso país. Escrevam uma pequena carta ao presidente da República fazendo a solicitação. Usem o pronome de tratamento adequado.

_____
_____
_____
_____

ORTOGRAFIA 15

Abreviaturas

Abreviatura é a escrita reduzida de uma palavra. Veja os exemplos a seguir:

Palavra	Abreviatura
doutor	dr.
exemplo	ex.
hora	h.
professor	prof.

Para abreviar uma palavra, usam-se geralmente dois recursos:

1) substituir as letras finais por ponto:

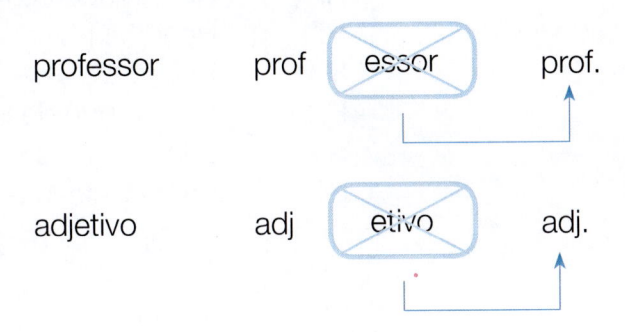

professor   prof [essor]   prof.

adjetivo   adj [etivo]   adj.

2) depois do ponto acrescentar a(s) última(s) letra(s) da palavra:

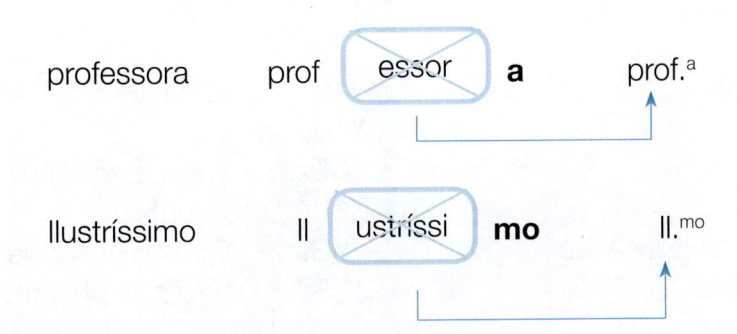

professora   prof [essor] **a**   prof.ª

Ilustríssimo   Il [ustríssi] **mo**   Il.mo

111

Abreviaturas, símbolos e siglas

AC	Acre	MS	Mato Grosso do Sul
AL	Alagoas	MT	Mato Grosso
AM	Amazonas	N	Norte
apart. ou ap.	apartamento	NE	Nordeste
Av.	avenida	NO	Noroeste
BA	Bahia	no ou num.	número
CE	Ceará	p. ou pág.	página
CEP	Código de Endereçamento Postal	págs.	páginas
Cia.	Companhia	PA	Pará
cm	centímetro(s)	PB	Paraíba
cx.	caixa	PE	Pernambuco
DF	Distrito Federal	Pe. ou P.	padre
dm	decímetro(s)	pg.	pago
Dr.	doutor	PI	Piauí
dz	dúzia	pl.	plural
ed.	edifício	PR	Paraná
ES	Espírito Santo	prof.	professor
etc.	et cetera (e outras coisas, em latim)	prof.ª	professora
EUA	Estados Unidos	R.	rua; rei; réu; reprovado
Ex.mo	Excelentíssimo	Rem.te	remetente
FAB	Força Aérea Brasileira	Rev.mo	Reverendíssimo
fl.	folha	RJ	Rio de Janeiro
fls	folhas	RN	Rio Grande do Norte
Funai	Fundação Nacional do Índio	RO	Rondônia
g	grama(s)	RR	Roraima
GO	Goiás	RS	Rio Grande do Sul
h	hora(s)	S.	São, Santo
ha	hectare	SC	Santa Catarina
hab.	habitante	SE	Sergipe
i.e.	isto é	SP	São Paulo
Il.mo	Ilustríssimo	Sr.ª	senhora
kg	quilograma(s)	Sr.ta	senhorita
km	quilômetro(s)	tb.	também
km/h	quilômetro(s) por hora	tel.	telefone
l ou L	litro(s)	TO	Tocantins
Ltda.	limitada	TV	televisão
m	metro(s)	v. ou vc	você
min	minuto(s)	V. Ex.ª	Vossa Excelência
MA	Maranhão	vol.	volume
MEC	Ministério da Educação	V. S.	Vossa Santidade
MG	Minas Gerais	V. S.ª	Vossa Senhoria
MM.	meritíssimo		

ATIVIDADES

1 Escreva por extenso:

nº _____ dz _____

tb. _____ i.e. _____

2 Escreva a abreviatura das seguintes palavras:

professor _____ Ilustríssimo _____

professora _____ Vossa Senhoria _____

senhor _____ avenida _____

3 Escreva as horas de forma abreviada:

a) doze horas _____

b) cinco horas e trinta minutos _____

c) vinte horas e quarenta e cinco minutos _____

4 Nos verbetes de dicionário, é muito comum o uso de abreviaturas. Identifique as abreviaturas usadas nos verbetes a seguir e transcreva o significado delas.

> **FULMINANTE** FUL.MI.NAN.TE *Adj* **1** avassalador; fatal **2** que sobrevém súbita e rapidamente.
> **FUMAÇA** FU.MA.ÇA *Sf* **1** gás produzido pela combustão, misturado com partículas sólidas; fumo **2** fuligem.
> **FUMAR** FU.MAR *Vi* aspirar fumo ou tabaco.
> **FUMO** FU.MO *Sm* **1** produto gasoso de matéria em combustão; fumaça **2** tabaco para fumar.
> **FUNÇÃO** FUN.ÇÃO *Sf* **1** cargo; serviço; ofício **2** funcionamento próprio ou natural dum órgão, aparelho ou máquina.
> **FUNCIONAL** FUN.CI.O.NAL *Adj* **1** relativo a funções vitais **2** relativo à função pública **3** prático.
> **FUNCIONAR** FUN.CI.O.NAR *Vi* **1** exercer uma atividade; trabalhar **2** entrar em movimento **3** ter boa atuação; ter êxito.
> **FUNCIONÁRIO** FUN.CI.O.NÁ.RIO *Sm* quem tem emprego remunerado; empregado.
> **FUNDAÇÃO** FUN.DA.ÇÃO *Sf* **1** parte que dá sustentação a um edifício; alicerce; base **2** entidade instituída por ato do governo ou por doação privada, destinada a fins de utilidade pública ou à beneficência **3** criação; constituição.

DIVULGAÇÃO

5 Localize e desenvolva as abreviaturas presentes no cartaz:

> **Atenção todos os professores:**
>
> A Dr.ª Bernadete atenderá na sala de odontologia, no dia 10 de maio, às 14h30min.
>
> Sua clínica fica na Av. Brasil, nº 52. Avisem as crianças!
>
> Obrigado,
> Prof. Laércio

6 Reescreva a carta, substituindo as palavras destacadas por abreviaturas.

> **Ubatuba, 13 de março de 2009.**
>
> **Excelentíssimo Senhor** vereador Antônio Mateus,
> Os alunos da Escola **Professor Doutor** Machado Rosa solicitam um ônibus para a realização de um passeio à tribo indígena Rio Silveiras. A **Fundação Nacional do Índio** já autorizou a nossa visita. Contamos com sua colaboração.
>
> Atenciosamente,
> A direção.

GRAMÁTICA 16 — Classificação dos pronomes

Pronome demonstrativo

Observe a posição das petecas no quadro abaixo.

Esta é a minha peteca.

Maria, você pode me dar essa peteca que está na sua mão?

Não pode ser aquela que está sobre a mesa?

As palavras **esta**, **essa** e **aquela** indicam as diferentes posições da peteca em relação à pessoa que fala. São **pronomes demonstrativos**.

- **Esta** peteca: a peteca está perto da pessoa que fala.
- **Essa** peteca: a peteca está perto da pessoa com quem se fala.
- **Aquela** peteca: a peteca está longe da pessoa que fala e da pessoa com quem se fala.

Pronomes demonstrativos		
este	esta	isto
esse	essa	isso
aquele	aquela	aquilo

Pronome possessivo

Você encontrou **meu** livro?

meu → pronome possessivo
livro → substantivo

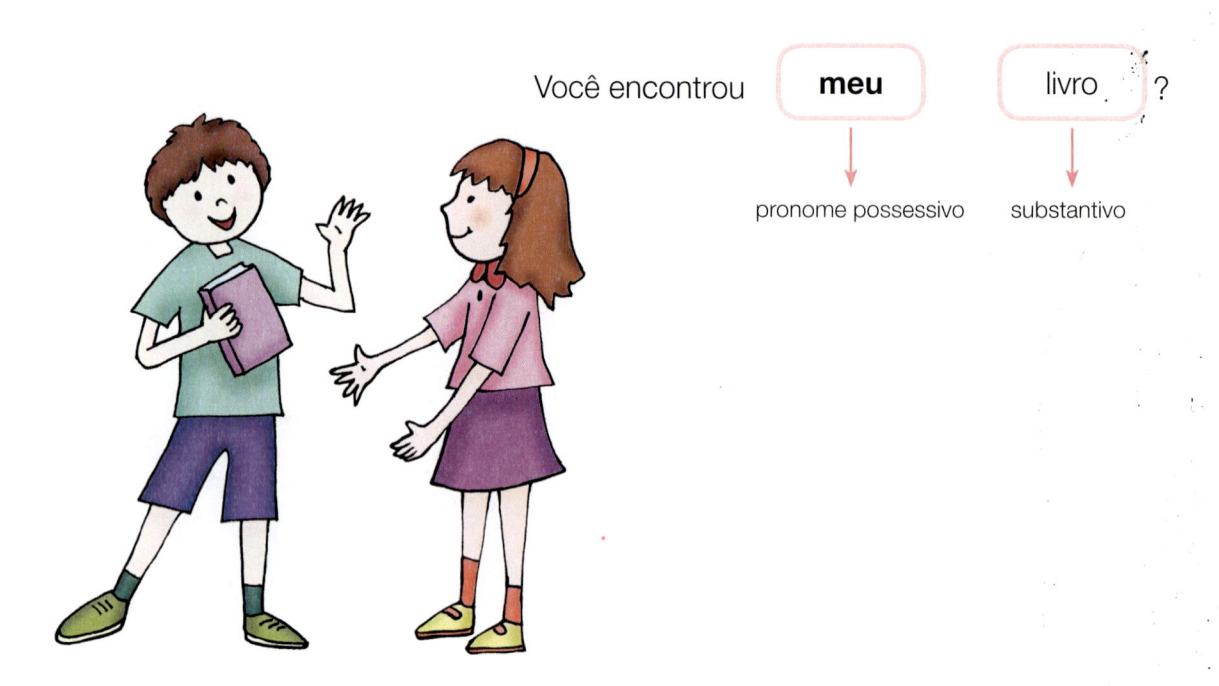

A palavra **meu** refere-se ao substantivo, indicando **posse**. É um **pronome possessivo**.

Pronomes possessivos			
meu	minha	meus	minhas
teu	tua	teus	tuas
seu	sua	seus	suas
nosso	nossa	nossos	nossas
vosso	vossa	vossos	vossas
seu	sua	seus	suas

Pronome indefinido

Alguns alunos chegaram atrasados.

pronome indefinido / substantivo

A palavra **alguns** refere-se ao substantivo, dando-lhe ideia vaga, imprecisa, indefinida. Trata-se de um **pronome indefinido**.

Pronomes demonstrativos		
algum	pouco	alguém
nenhum	muito	ninguém
todo	certo	tudo
outro	qualquer	nada
vários		

Pronome interrogativo

Observe as frases a seguir:

Quem sabe cantar?
Que música você sabe cantar?
Quantas músicas você vai cantar?

Empregamos os pronomes **quem**, **que** e **quantas** para formar frases interrogativas. São **pronomes interrogativos**.

ATIVIDADES

1 Observe os quadros e escreva frases sobre cada um deles usando pronomes possessivos e interrogativos.

2 Você conhece o poeta português Fernando Pessoa? São dele as quadrinhas que você vai ler a seguir. Nelas estão faltando os pronomes indefinidos. Escreva-os nas lacunas.

Lá vem o homem da capa

Que _____ sabe quem é...

Se o lenço os olhos te tapa

Vejo os teus olhos por fé.

Não digas mal de _____ ,

Que é de ti que dizes mal.

Quando dizes mal de _____

Tudo no mundo é igual.

Levas uma rosa ao peito

E tens um andar que é teu...

Antes tivesses o jeito

De amar _____ , que sou eu.

Não sei em que coisas pensas

Quando coses sossegada...

Talvez naquelas ofensas

Que fazes sem dizer _____ .

Meu amor é fragateiro

Eu sou a sua fragata.

_____ vão atrás do cheiro,

_____ vão só pela arreata.

Fernando Pessoa. *Obra poética*.

3 Sublinhe e classifique os pronomes.

a) Minha prima tem olhos azuis.

_____

b) Poucas pessoas conhecem esta música.

_____

_____

c) Meu irmão namora aquela garota.

_____

_____

4 Construa pelo menos três frases interrogativas com base no texto abaixo. Use, para isso, pronomes interrogativos.

Minhoca ou minhoco?

As minhocas pertencem ao grupo dos anelídeos, que, como o nome sugere, são seres que têm o corpo formado por anéis. Em geral, elas vivem na terra, mas têm também muitos parentes em lagos, rios e mares. Só no grupo delas, existem cerca de 3 100 espécies, sendo que as mais conhecidas têm em torno de 15 centímetros de comprimento. [...]

Quem se amarra em curiosidades pode pegar o caderninho para anotar mais essa: uma única minhoca possui os dois sexos, ou seja, tem aparelho reprodutor masculino e feminino ao mesmo tempo. Por isso, é chamada hermafrodita. Mas não vá pensando que ela pode se reproduzir sozinha. Para gerar filhotes, é necessário que ocorra o acasalamento entre dois indivíduos.

À noite, as minhocas vão para a superfície do solo e ficam acasaladas por duas ou três horas, uma fecundando a outra. Depois, elas se separam e cada uma produz um casulo que protege entre 10 e 20 ovos.

Revista *Ciência Hoje das Crianças*. n° 66.

1. _____

2. _____

3. _____

ORTOGRAFIA 16

Palavras homófonas

Existem algumas palavras na língua portuguesa que têm a mesma pronúncia, mas são escritas de forma diferente. Vamos conhecer três dessas palavras.

Acento e assento

"Fui ao hospital. Depois de ser atendido, aguardei no **assento** da recepção a minha vez em silêncio, como ordenava a placa em minha frente. E no meu silêncio descobri um erro: a palavra *silêncio* estava escrita sem **acento**."

acento = sinal gráfico.

assento = lugar onde alguém senta.

Sessão e seção

Convocação
Convocamos todos os funcionários das **seções** de divulgação da empresa M&A para uma **sessão** extraordinária que se realizará na próxima semana, no dia 27, às 17h.

sessão = reunião, assembleia.

seção = departamento, divisão.

Conserto e concerto

ELÉTRICA SUPER VOLTS
Consertam-se
eletrodomésticos em geral: máquina de lavar, geladeira, micro-ondas, aspirador de pó, ventilador e muito mais. Precisou? Ligou! 3978-5542.

Convite
No dia 23 de agosto, às 19h, no Teatro Municipal de Osasco, haverá um dos maiores **concertos** musicais! Você irá se emocionar! Não perca!

conserto = reparo, reforma.

concerto = espetáculo musical.

ATIVIDADES

1 Empregue corretamente as palavras **assento** e **acento** nas frases abaixo:

a) Quando cheguei, todos os _____ estavam ocupados.

b) Conseguir um _____ no ônibus é muito difícil nesse horário.

c) De acordo com a nova ortografia, não se usa mais _____ circunflexo nos hiatos **oo**, em palavras como voo, abençoo, perdoo.

d) Os _____ da sala de espera do consultório estão todos quebrados.

e) Na língua portuguesa, o _____ agudo indica a sílaba tônica aberta e o _____ circunflexo, a sílaba tônica fechada.

2 Ana queria escrever um *e-mail* convocando alguns funcionários, mas teve dúvida na escrita das palavras a seguir. Ajude-a a escrever esse *e-mail* usando a grafia correta.

sessão – seção – concerto – conserto

Olá, pessoal!

Os funcionários da _____ de produção estão convocados a comparecer, na próxima terça-feira, às 8h, para uma _____ extraordinária que vai tratar do _____ dos equipamentos danificados por panes elétricas.

Conto com a presença de todos.

Até lá.

Ana

3 Descubra dois equívocos no cartaz a seguir:

CONCERTA-
-SE FOGÃO
E PANELA DE
PRESSÃO

_____
_____
_____
_____
_____
_____

4 Escreva dois cartazes: em um deles, utilize a palavra **conserto** e no outro a palavra **concerto**. Fique atento ao uso dessas palavras.

GRAMÁTICA 17

Verbo

A chuva

No começo foi devagarinho. Um pingo aqui, um pingo ali... Todo mundo sentia um cheirinho bom de terra molhada. Depois foi aumentando, aumentando... **Chovia** que era uma beleza! A água formou poças e riozinhos, onde os meninos **soltavam** barquinhos de papel. Todos **estavam** alegres.

Ana Maria Machado. *Severino faz chover*.

Observe as palavras destacadas do texto:

> Os meninos **soltavam** barquinhos.
>
> Todos **estavam** alegres.
>
> **Chovia** que era uma beleza!

Você pode notar que:
- "soltavam" indica **o que** os meninos faziam, isto é, corresponde a uma **ação**;
- "estavam" indica **como** todos estavam, isto é, corresponde a um **estado**;
- "chovia" indica um **fenômeno da natureza**.

As palavras que indicam ação, estado ou fenômeno da natureza pertencem à classe dos **verbos**.

> **Verbo** é uma classe de palavra que indica ação, estado ou fenômeno da natureza.

Pessoas do verbo

O verbo muda a terminação para indicar a **pessoa** que faz a ação.
São **três** as pessoas do verbo e **dois** os números (singular e plural).

	Verbo	Pessoa	Número
eu	ando	1ª pessoa	singular
tu	andas	2ª pessoa	singular
ele/ela	anda	3ª pessoa	singular
nós	andamos	1ª pessoa	plural
vós	andais	2ª pessoa	plural
eles/elas	andam	3ª pessoa	plural

Tempos do verbo

O verbo muda sua terminação para indicar **quando** acontece o fato, isto é, para indicar o **tempo**.

São três os tempos básicos: **presente**, **pretérito** e **futuro**.

1. O **presente** não tem outros tempos. Observe:

> Estudantes **voltam** às ruas no Rio.

2. O **pretérito** divide-se em **perfeito** e **imperfeito**. Observe o exemplo a seguir:

> **Chovia** muito quando o menino **fechou** a janela.

Verbo	Pessoa	Fato
chovia	pretérito imperfeito	passado não terminado
fechou	pretérito perfeito	passado terminado

3. São dois os tempos do **futuro**: **do presente** e **do pretérito**. Observe os exemplos a seguir:

> Eu **viajarei** amanhã.
> Eu **viajaria**, se tivesse tempo.

Verbo	Pessoa	Fato
viajarei	futuro do presente	futuro a partir do momento presente
viajaria	futuro do pretérito	futuro a partir do momento passado

Conjugações do verbo

Quando não indicam tempo nem pessoa, os verbos terminam em **-ar**, **-er** ou **-ir**. Nesse caso, dizemos que o verbo está no **infinitivo**.

- Os verbos terminados em **-ar** pertencem à **1ª conjugação**.
- Os verbos terminados em **-er** pertencem à **2ª conjugação**.
- Os verbos terminados em **-ir** pertencem à **3ª conjugação**.

Observe os exemplos a seguir:

and**ar**
1ª conjugação

vend**er**
2ª conjugação

sub**ir**
3ª conjugação

ATIVIDADES

1 As palavras de cada item indicam ação: pertencem à classe dos verbos. Construa uma frase com as palavras de cada item.

a) sair – ver – abraçar

_____
_____
_____

b) driblar – chutar – marcar

_____

_____

_____

2 Contorne apenas os verbos que transmitem estado.

a) Todos estavam atentos esperando a hora do gol.

b) O homem saiu pela janela do edifício que estava em chamas.

c) Fez calor e choveu muito no mês de julho. Nem parecia inverno.

d) Mamãe permaneceu parada com o susto que levou.

e) Ficamos chateados com a notícia.

3 Sublinhe os verbos que indicam fenômenos da natureza.

a) Trovejou muito, por isso não saímos de casa.

b) Na Europa, neva durante o inverno.

c) Choveu torrencialmente nestes últimos dias.

d) Durante a noite, relampejou.

4 Marque com um **X** a pessoa e o número dos verbos:

	Pessoa			Número	
Verbo	1ª pessoa	2ª pessoa	3ª pessoa	singular	plural
falei					
saímos					
escreveste					
chorou					
desenharam					

5 Sublinhe o verbo e informe o tempo em que está: presente, passado ou futuro:

a) Quero a minha passagem. (_____)

b) Mamãe fará os cálculos direitinho. (_____)

c) Luís se assustou com aquela mão em seu ombro. (_____)

d) A molecada morria de medo. (_____)

e) Você conhece este cachorrinho? (_____)

f) Conversaremos sobre isso amanhã cedo. (_____)

6 Dê o infinitivo dos verbos e a conjugação a que pertencem. Veja o exemplo.

Verbo	Infinitivo	Conjugação
seguravam	segurar	1ª conjugação
cumpriram		
fechou		
recebi		
criava		
telefonei		
abrimos		
pintasse		
bebemos		
estudou		
brincarei		
escrevi		

7 Informe o tempo em que se encontram os verbos destacados, assinalando:

(1) se for presente;
(2) se for passado;
(3) se for futuro.

a) O homem **sentou-se** ( ) do outro lado da mesa, em frente ao menino.

b) O menino **dorme** ( ) profundamente, com a cabeça apoiada no braço.

c) Eu **farei** ( ) o café e você **tirará** ( ) o carro da garagem.

d) Eles certamente não **aceitarão** ( ) a minha proposta.

e) Paulo **sorriu** ( ), **tomou** ( ) meio copo de café, **abriu** ( ) a janela e **continuou** ( ) de pé.

8 Complete os espaços com os verbos, flexionando-os de acordo com o texto.

Uma vez os ratos, que _____ (viver) com medo de um gato, resolveram fazer uma reunião para encontrar um jeito de acabar com aquele eterno transtorno. Muitos planos foram discutidos e abandonados.

No fim, um rato jovem _____ (levantar-se) e deu a ideia de pendurar uma sineta no pescoço do gato; assim, sempre que o gato _____ (chegar) perto, eles _____ (ouvir) a sineta e poderiam fugir correndo. Todo mundo _____ (bater) palmas: o problema estava resolvido. Vendo aquilo, um rato velho que tinha ficado o tempo todo calado levantou-se de seu canto. O rato falou que o plano era muito inteligente, que com toda a certeza as preocupações deles tinham chegado ao fim. Só _____ (faltar) uma coisa: quem ia pendurar a sineta no pescoço do gato?

Moral: inventar é uma coisa, fazer é outra.

Monteiro Lobato. *Fábulas.*

129

ORTOGRAFIA 17

Acento diferencial

O acento gráfico pode ser usado para diferenciar uma palavra de outra. Vamos ver dois casos em que isso acontece.

> **Qual é a maior espécie de tartaruga no Brasil?**
>
> Primeiro é legal lembrar que as tartarugas são animais que vivem na água. No Brasil, a maior é a tartaruga-de-couro. Ela mora em mar aberto, mas vem até as praias brasileiras para **pôr** seus ovos **por** ser mais seguro. Chega a ter mais de 1,5 metro de comprimento e pesa cerca de 500 quilos. Já a maior tartaruga de água doce é a tartaruga-da-amazônia, que vive nos rios. Ela pesa até 75 quilos e seu casco **pode** medir 90 centímetros de comprimento.
>
> Revista *Recreio*, n. 451, 30 out. 2008.

Pôr e por

> No Brasil, a maior tartaruga é a tartaruga-de-couro. Ela mora em mar aberto, mas vem até as praias brasileiras para **pôr** seus ovos **por** ser mais seguro.

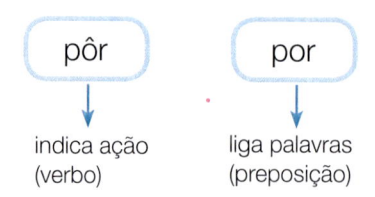

pôr → indica ação (verbo)

por → liga palavras (preposição)

Pode e pôde

> Você **pode** ir nadar na praia hoje.
> Ontem você não **pôde** porque o mar estava bravo.

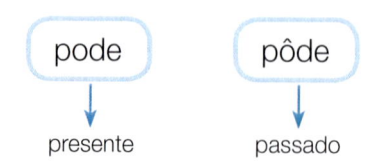

pode → presente

pôde → passado

ATIVIDADES

1) Complete as frases abaixo com **por** ou **pôr**:

a) Gosto de _____ café no leite.

b) Vou pular _____ cima do muro para chegar mais rápido.

c) Mamãe vai _____ frutas na minha lancheira.

d) Eu gosto muito de você, _____ isso nunca brigamos.

e) Quero _____ um quadro bem bonito na minha parede.

f) Papai ficou contente _____ termos jogado futebol juntos no sábado.

2) Faça um bilhete usando a preposição **por** e o verbo **pôr**.

_____
_____
_____
_____
_____
_____
_____

3 Organize as frases a seguir.

fui e minha amiga à festa Ontem acompanhar. pôde me de aniversário eu do meu primo

_____

_____

chovendo não pode Está e sair por isso você de casa.

_____

_____

parque de Sábado Mário diversões. pôde ir ao passado

_____

_____

4 No diálogo a seguir, faltam as palavras **pôde** e **pode**. Complete-o adequadamente.

— Filho! Você _____ fazer um favor pra mamãe?

— O que a senhora quer?

— Vá à padaria e compre seis pãezinhos!

— Ah, mãe! Por que você não pede pra Júlia? Ela nunca faz nada!

— Mário, ontem você não _____ ir porque estava fazendo o dever de casa e a sua irmã foi comprar. Hoje, você não tem nada pra fazer e _____ me ajudar.

— Tá bom! Tá bom! Já tô indo! Mas amanhã é a vez da Júlia, tá?

— Tudo bem seu danadinho, tudo bem!

GRAMÁTICA 18 — Conjugações do verbo

> A menina era quase loira. De leve andava em maciez nos passos, e o ar movia numa carícia o seu vestido lindo no estampado em flores.
> [...]
> Era assim a menina em uniforme azul e branco. Falando a tabuada, conjugando os verbos. Na multiplicação dos seus inúmeros encantos, no indicativo de seu ser presente e no futuro de seu estar no mundo.
> Na voz de todos:
> – Eu compre-endo, tu compre-endes... vós compre-endeis...
> E o pensamento dela:
> Eu te amo, tu me amas, ele também me ama.
>
> Libério Neves. *Olhos de gude*.

Quando não indicam tempo nem pessoa, os verbos terminam em **-ar**, **-er** ou **-ir**. Nesse caso, dizemos que o verbo está no **infinitivo**.

- Os verbos terminados em **-ar** pertencem à **1ª conjugação**.
- Os verbos terminados em **-er** pertencem à **2ª conjugação**.
- Os verbos terminados em **-ir** pertencem à **3ª conjugação**.

and**ar**   vend**er**   sub**ir**

and**ar** →	-ar →	1ª conjugação
vend**er** →	-er →	2ª conjugação
sub**ir** →	-ir →	3ª conjugação

O verbo é formado de duas partes. Observe:

	Parte 1	Parte 2
estudo	estud	-o
estudas	estud	-as
estuda	estud	-a
estudamos	estud	-amos
estudais	estud	-ais
estudam	estud	-am

A parte 1 informa o significado do verbo. Denomina-se **radical**.
A parte 2 informa a pessoa, o número e o tempo. Denomina-se **terminação**.

Há verbos que, em sua conjugação, não apresentam nenhuma mudança no radical. Chamam-se **verbos regulares**.

Há outros verbos que, em sua conjugação, apresentam mudanças no radical. Chamam-se **verbos irregulares**.

Verbos regulares		Verbos irregulares	
falar	vender	subir	ouvir
fal-o	vend-o	sub-o	ouç-o
fal-as	vend-es	sob-es	ouv-es
fal-a	vend-e	sob-e	ouv-e
fal-amos	vend-emos	sub-imos	ouv-imos
fal-ais	vend-eis	sub-is	ouv-is
fal-am	vend-em	sob-em	ouv-em

Verbos regulares

1ª conjugação	2ª conjugação	3ª conjugação
Verbos terminados em **-ar**	Verbos terminados em **-er**	Verbos terminados em **-ir**
CANT**AR**	VEND**ER**	PART**IR**

Presente	eu cant**o**	vend**o**	part**o**
	tu cant**as**	vend**es**	part**es**
	ele cant**a**	vend**e**	part**e**
	nós cant**amos**	vend**emos**	part**imos**
	vós cant**ais**	vend**eis**	part**is**
	eles cant**am**	vend**em**	part**em**
Pretérito perfeito	eu cant**ei**	vend**i**	part**i**
	tu cant**aste**	vend**este**	part**iste**
	ele cant**ou**	vend**eu**	part**iu**
	nós cant**amos**	vend**emos**	part**imos**
	vós cant**astes**	vend**estes**	part**istes**
	eles cant**aram**	vend**eram**	part**iram**
Pretérito imperfeito	eu cant**ava**	vend**ia**	part**ia**
	tu cant**avas**	vend**ias**	part**ias**
	ele cant**ava**	vend**ia**	part**ia**
	nós cant**ávamos**	vend**íamos**	part**íamos**
	vós cant**áveis**	vend**íeis**	part**íeis**
	eles cant**avam**	vend**iam**	part**iam**
Futuro do presente	eu cant**arei**	vend**erei**	part**irei**
	tu cant**arás**	vend**erás**	part**irás**
	ele cant**ará**	vend**erá**	part**irá**
	nós cant**aremos**	vend**eremos**	part**iremos**
	vós cant**areis**	vend**ereis**	part**ireis**
	eles cant**arão**	vend**erão**	part**irão**

ATIVIDADES

1) As frases seguintes foram ditas por pessoas famosas. Reescreva-as, empregando os verbos nos tempos indicados nos parênteses.

a) "Preciso de autoridade ainda que não acredite nela." (Ernest Jüng, filósofo alemão) – (pretérito imperfeito)

_____

b) "Os olhos deviam aprender com a razão." (J. Kepler, astrônomo alemão) – (presente)

_____

c) "Nomeio o maior de todos os inventores: o acaso." (Mark Twain, escritor norte-americano) – (futuro)

_____

d) "Quem mata o tempo não é assassino: é um suicida." (Millôr Fernandes, humorista brasileiro) – (pretérito perfeito)

_____

2) Os fatos a seguir foram narrados no tempo passado. Reescreva-os no tempo presente.

> Um mosquito pousou no chifre de um touro e lá ficou por muito tempo. Depois voou e perguntou ao touro:
> – O meu peso não o incomodou?

3 Reescreva o texto, passando os verbos que estão no infinitivo para o pretérito perfeito.

> Naquele dia, o homem chegar depois das oito. Tirar o paletó e a gravata, sentar-se no sofá da sala e ligar a televisão. O telefone tocar. Ele atender. Do outro lado, uma voz desconhecida oferecer-lhe a assinatura de uma revista. Agradecer com educação, apesar do extremo cansaço e da impaciência, e adormecer em frente à televisão.

_____
_____
_____
_____

4 Leia, agora, este outro texto:

> Todos os dias, o homem chegava depois das oito. Tirava o paletó e a gravata, sentava no sofá da sala e ligava a televisão. E assim ele adormecia. Acordava com fome, preparava um lanche rápido e se jogava na cama, sempre morto de cansaço.

a) Em que tempo estão os verbos usados nesse texto?
_____

b) Qual é a diferença entre os fatos contados nesse texto e no texto anterior?
_____

c) A qual conclusão você pode chegar sobre o uso do pretérito imperfeito após ler esse texto?
_____

137

ORTOGRAFIA 18

Acentuação das oxítonas terminadas em -i ou -u

Receita de suco de açaí
1 pacote (100 g) de polpa de açaí congelada
1 copo (200 ml) de água
50 ml de xarope de guaraná

Observe as palavras de cada grupo:

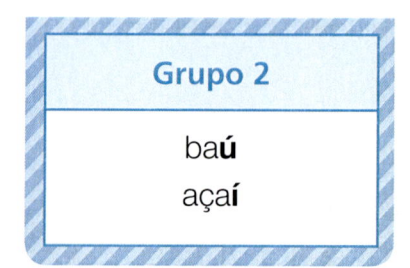

Grupo 1
It**u**
jurit**i**

Grupo 2
ba**ú**
aça**í**

Essas palavras apresentam as seguintes características:

Grupo 1
• terminam em **i** ou **u**
• são oxítonas
• as letras **i** ou **u** não são precedidas de vogal

↓ não são acentuadas

Grupo 2
• terminam em **i** ou **u**
• são oxítonas
• as letras **i** ou **u** são precedidas de vogal

↓ são acentuadas

Veja outras palavras da língua portuguesa que possuem essas características:

Grupo 1	
Pacaembu	peru
Embu	jabuti
urubu	abacaxi
Parati	caburi

Grupo 2	
Tambaú	Tatuí
Uraí	Piauí
Ivaí	Jundiaí
açaí	Tuiuiú

138 GRAMÁTICA E ORTOGRAFIA

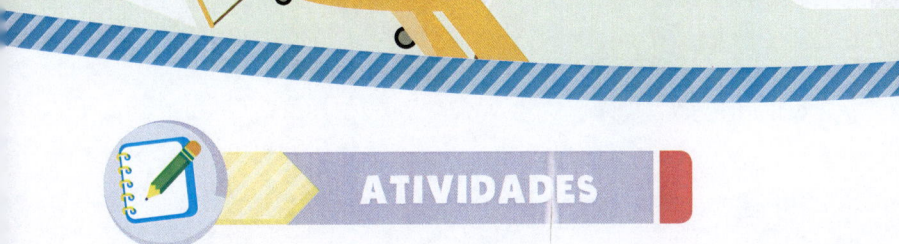

ATIVIDADES

1 Observe.

tatu – ali
oxítonas terminadas em **i** ou **u**

↓

não são acentuadas

baú – daí
oxítonas terminadas em **i** ou **u** precedidas de vogal átona com a qual formam hiato

↓

são acentuadas

Copie as palavras, acentuando-as quando necessário.

Jau _____   Piaui _____

Jacarei _____   caracu _____

caqui _____   peru _____

Pacaembu _____   canguru _____

2 Observe a transformação e faça o mesmo:

Verbo	Substantivo
libertar	libertação
proibir	proibição

diminuir _____   corrigir _____

iluminar _____   atribuir _____

aceitar _____   avaliar _____

contribuir _____   exclamar _____

139

3 Transforme o substantivo em adjetivo empregando a terminação **-oso**.

Age com cuidado.   –   É cuidadoso.

Age com escrúpulo.   –   _____

Tem respeito.   –   _____

Tem inveja.   –   _____

Tem preguiça.   –   _____

Tem orgulho.   –   _____

Tem poder.   –   _____

Tem sabor.   –   _____

4 Complete as palavras com **sc** ou **c** e, depois, complete o quadro.

na_____er   envelhe_____er

flore_____er   endoide_____er

rena_____er   adole_____ente

fale_____er   de_____er

de_____ida   esque_____er

umede_____er   disfar_____e

con_____iente   apare_____er

Palavras com sc	Palavras com c

GRAMÁTICA E ORTOGRAFIA

GRAMÁTICA 19

Verbos irregulares

		Pôr	Fazer	Trazer	Querer
Presente	eu	ponho	faço	trago	quero
	tu	pões	fazes	trazes	queres
	ele	põe	faz	traz	quer
	nós	pomos	fazemos	trazemos	queremos
	vós	pondes	fazeis	trazeis	quereis
	eles	põem	fazem	trazem	querem
Pretérito perfeito	eu	pus	fiz	trouxe	quis
	tu	puseste	fizeste	trouxeste	quiseste
	ele	pôs	fez	trouxe	quis
	nós	pusemos	fizemos	trouxemos	quisemos
	vós	pusestes	fizestes	trouxestes	quisestes
	eles	puseram	fizeram	trouxeram	quiseram
Pretérito imperfeito	eu	punha	fazia	trazia	queria
	tu	punhas	fazias	trazias	querias
	ele	punha	fazia	trazia	queria
	nós	púnhamos	fazíamos	trazíamos	queríamos
	vós	púnheis	fazíeis	trazíeis	queríeis
	eles	punham	faziam	traziam	queriam
Futuro do presente	eu	porei	farei	trarei	quererei
	tu	porás	farás	trarás	quererás
	ele	porá	fará	trará	quererá
	nós	poremos	faremos	traremos	quereremos
	vós	poreis	fareis	trareis	querereis
	eles	porão	farão	trarão	quererão

141

		Ter	Haver	Ser	Estar
Presente	eu tu ele nós vós eles	tenho tens tem temos tendes têm	hei hás há havemos haveis hão	sou és é somos sois são	estou estás está estamos estais estão
Pretérito perfeito	eu tu ele nós vós eles	tive tiveste teve tivemos tivestes tiveram	houve houveste houve houvemos houvestes houveram	fui foste foi fomos fostes foram	estive estiveste esteve estivemos estivestes estiveram
Pretérito imperfeito	eu tu ele nós vós eles	tinha tinhas tinha tínhamos tínheis tinham	havia havias havia havíamos havíeis haviam	era eras era éramos éreis eram	estava estavas estava estávamos estáveis estavam
Futuro do presente	eu tu ele nós vós eles	terei terás terá teremos tereis terão	haverei haverás haverá haveremos havereis haverão	serei serás será seremos sereis serão	estarei estarás estará estaremos estareis estarão

ATIVIDADES

1 Escolha uma forma verbal de cada verbo que aparece nos quadros das páginas anteriores. Procure variar as pessoas, o número e o tempo.

Escreva, em seu caderno, quatro frases em que essas formas verbais devam ser usadas. Mas, no lugar delas, deixe um espaço em branco ou faça um traço.

Passe as frases que você escolheu para um colega completar e complete as dele. Depois, confiram as respostas.

2 Complete com o verbo entre parênteses no tempo adequado.

a) Ontem, ele _____ as lições à tarde. (fazer)

b) Todo dia a menina _____ uma flor na mão. (trazer)

c) Eu _____ um recado de seu pai amanhã. (trazer)

d) A galinha _____ um ovo por dia. (pôr)

3 Vamos ver quem consegue inventar a história mais absurda ou engraçada? Nessa história devem aparecer, em qualquer tempo ou pessoa, os verbos a seguir.

| pôr | fazer | trazer | querer |

4 Vamos fazer uma brincadeira?

Reúna-se com mais dois colegas de classe. Tirem par ou ímpar para resolver quem começa.

A brincadeira é assim.

- Quem começa deve dizer:
  Eu sou (fui, era)...

- Outra pessoa do grupo deve completar com alguma característica:
  Eu sou (fui) (feliz, corajoso, chato...)

- A terceira pessoa deve continuar a frase com uma das palavras sugeridas usando o verbo **ter**:
  Eu sou (fui) (corajoso...), **por isso** (quando, mas...) **tenho** (tinha, era...)

Escrevam as frases completas nas linhas abaixo. Agora é a vez de alguém do grupo começar a frase, mas mudando a pessoa do verbo: **Tu és...**

Outro integrante tem de dizer uma ou mais palavras, e o último deve completar a frase.

Procurem evitar ideias repetidas. Continuem até conjugar em todas as pessoas o verbo **ser** e **ter** no **presente** e no **pretérito imperfeito**.

ORTOGRAFIA 19

Verbos em -ecer e com s

Onde vive a onça-pintada?

A onça é o maior felino da América do Sul e vive perto de rios no meio da floresta. Costuma caçar ao **amanhecer** ou **anoitecer,** quando suas manchas ajudam a se esconder entre as árvores. As onças nadam muito bem e pegam peixes, tartarugas e até crocodilos. Também sobem em árvores à procura de macacos e bichos-preguiça.

Carolina Caires. *Como? Onde? Por quê?*

Observe como são formados os verbos destacados:

amanhecer   anoitecer

amanhecer = a + manh(ã) + **-ecer**
anoitecer = a + noite   + **-ecer**

A terminação **-ecer** significa "começo de uma ação".
Veja outros verbos formados com essa terminação:

Verbos terminados em -ecer		
amadurecer	empobrecer	enriquecer
amolecer	endoidecer	entristecer
apodrecer	endurecer	envaidecer
emagrecer	enlouquecer	envelhecer
empalidecer	enraivecer	escurecer

145

Verbos grafados com s ou com z

Observe a escrita dos verbos **pôr**, **querer** e **fazer**.

eu pus	eu quis	eu fiz
tu puseste	tu quiseste	tu fizeste
ele pôs	ele quis	ele fez
nós pusemos	nós quisemos	nós fizemos
vós pusestes	vós quisestes	vós fizestes
eles puseram	eles quiseram	eles fizeram

Você pode notar que:

1º) os verbos **pôr** e **querer** são sempre escritos com **s**;

2º) o verbo **fazer** é sempre escrito com **z**.

Houve e ouve

> **Houve** um tempo em que as pessoas conversavam entre elas. Hoje, só se vê TV e se acessa a internet. Não se **ouve** o outro. Ele parece existir apenas no virtual. Não se conhece a lágrima e o sorriso nem de quem está ao lado.

Observe a diferença de sentido e de escrita entre as palavras destacadas no texto:

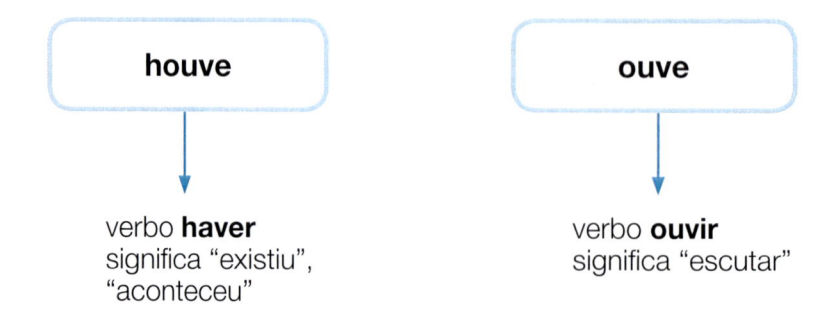

houve	ouve
verbo **haver** significa "existiu", "aconteceu"	verbo **ouvir** significa "escutar"

ATIVIDADES

1 Escreva de outra forma, usando um único verbo com a terminação **-ecer**:

ficar pobre _____   ficar rico _____

ficar noite _____   ficar escuro _____

ficar velho _____   ficar triste _____

ficar duro _____   ficar magro _____

ficar pálido _____   ficar doido _____

ficar podre _____   ficar mole _____

2 Complete os verbos com as letras **s** ou **z**:

a) Se você qui____er seriedade nesse projeto, vai ter de contratar os melhores especialistas.

b) Se ela qui____esse viajar nas férias, teria se preparado.

c) O motor do carro não qui____ pegar.

d) Se qui____er falar conosco educadamente, poderemos conversar.

e) Este xampu fa____ muita espuma.

f) Você já fe____ os deveres de casa?

3 Invente frases com os verbos de cada item.

a) fez – pôs

_____

b) quisesse – fazer

_____

c) quis – infeliz

_____

4 Complete adequadamente o texto a seguir com as palavras **ouve** ou **houve**:

A professora, muito brava, fala para Joãozinho:

— _____ a explicação menino! Desse jeito você não vai aprender nada!

E Joãozinho responde com ar pensativo:

— É, _____ um tempo em que os professores eram menos estressados. Que saudade!

5 Invente uma história em que apareçam as palavras do quadro:

amanhecer – anoitecer – enlouquecer – entristecer

GRAMÁTICA 20

Adverbio

O menino maluquinho

O menino maluquinho era muito sabido.
Ele sabia de tudo.
A única coisa que ele não sabia
era como ficar quieto.

Seu canto,
seu riso,
seu som,
nunca estavam onde ele estava.

Se quebrava um vaso aqui,
logo já estava lá.

Às vezes cantava lá
e logo já estava aqui.

Pra uns, era um uirapuru;
pra outros, era um saci.

Ziraldo. *O menino maluquinho*.

Observe as palavras destacadas:

> **Se** quebrava um vaso **aqui**,
> **logo já** estava **lá**.

Essas palavras referem-se ao verbo e indicam quando (**tempo**) e onde (**lugar**) acontece uma ação.

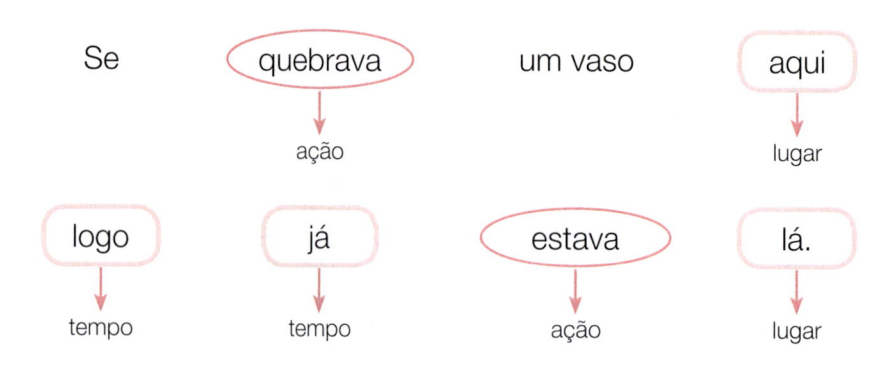

Se — (quebrava) → ação — um vaso — (aqui) → lugar

(logo) → tempo — (já) → tempo — (estava) → ação — (lá.) → lugar

Tempo e **lugar** são algumas das circunstâncias de uma ação. As palavras que indicam circunstâncias pertencem à classe dos **advérbios**.

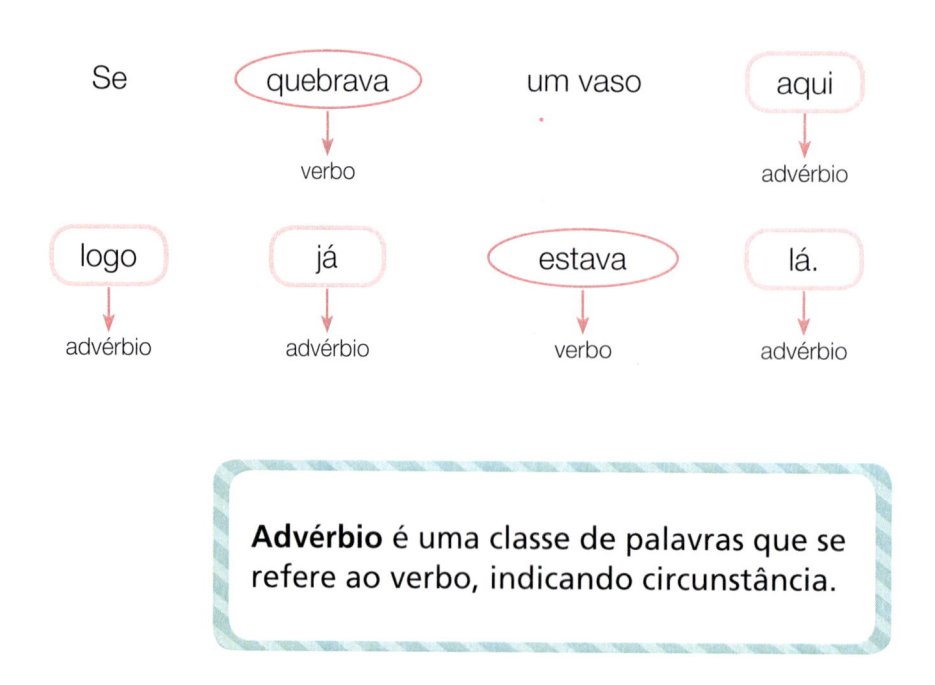

Se — (quebrava) → verbo — um vaso — (aqui) → advérbio

(logo) → advérbio — (já) → advérbio — (estava) → verbo — (lá.) → advérbio

> **Advérbio** é uma classe de palavras que se refere ao verbo, indicando circunstância.

O advérbio é classificado de acordo com a circunstância que ele indica ao verbo.

Classificação	Advérbios
afirmação	sim, certamente, realmente etc.
dúvida	acaso, possivelmente, provavelmente, talvez etc.
intensidade	bastante, bem, demais, mais, menos, muito, pouco, quase, tão, assaz etc.
lugar	abaixo, acima, adiante, aí, além, ali, aquém, aqui, atrás, cá, dentro, defronte, fora, lá, longe, perto etc.
modo	assim, bem, debalde, depressa, devagar, mal, melhor, pior e quase todos os terminados em **-mente**: finalmente, levemente etc.
negação	não
tempo	agora, ainda, amanhã, anteontem, antes, breve, cedo, depois, então, hoje, já, jamais, logo, nunca, ontem, outrora, sempre, tarde etc.

O advérbio de intensidade, além de se referir ao verbo, pode referir-se a um adjetivo ou a outro advérbio.

Ela falou muito.
verbo advérbio

Ele parecia muito preocupado.
advérbio adjetivo

Eles chegaram muito cedo.
advérbio advérbio

ATIVIDADES

1) Observe as figuras e escreva uma frase sobre cada uma delas. Em cada frase, use um ou mais advérbios.

_____
_____
_____

_____
_____
_____

2) Substitua as expressões destacadas por um advérbio de modo.

a) Respondeu à pergunta **com calma**. (_____)

b) Faz tudo **com tranquilidade**. (_____)

c) Trabalha **com alegria**. (_____)

d) Entrou em casa **em silêncio**. (_____)

e) Conversa com todos **com educação**. (_____)

GRAMÁTICA E ORTOGRAFIA

3 Reescreva as frases, acrescentando um dos advérbios de tempo do quadro.

> cedo – sempre – tarde – ontem – agora – nunca – amanhã

a) Concordamos com sua decisão.

_____

b) É possível que eu venha.

_____

c) Todos devem chegar ao colégio.

_____

d) O homem se preocupou em conhecer a natureza.

_____

e) Ninguém poderá ausentar-se da reunião.

_____

f) Foram resolvidos vários problemas.

_____

g) Alguns alunos voltaram às suas casas.

_____

4 Amplie as frases, acrescentando advérbios de intensidade:

a) Para saber escrever, é preciso ler _____.

b) Antes de falar, procure pensar _____.

c) Eu sei que você sente _____ a morte da tartaruguinha...

d) Não sei _____ o que fazer.

e) Por causa do trânsito, eu _____ perdi o exame.

ORTOGRAFIA 20

Onde e aonde

Onde você mora?
Cê vai chegar em casa
Eu quero abrir a porta
[...] Onde você mora
Onde você foi morar
Ah Aharrá! Ah Aharrá!
Aonde foi? [...]
Não quero estar de fora

Onde está você?
Eu tive que ir embora
Mesmo querendo ficar
Ah Aharrá! Ah Aharrá!
Agora eu sei! [...]

Adaptado de Nando Reis.
Composição: Marisa Monte/Nando Reis.

Observe os advérbios **onde** e **aonde** usados no texto, há uma diferença entre eles:

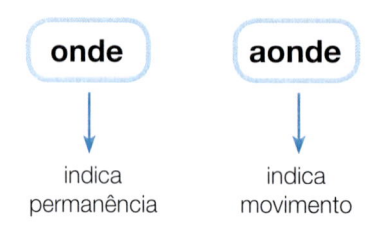

onde → indica permanência

aonde → indica movimento

Para saber quando se usa **onde** ou **aonde**, observe a palavra que o verbo exige.

Onde estou?   Estou **em** minha casa.

Aonde vou?   Vou **para** minha casa.
Aonde fui?   **Fui a** minha casa.

Se o verbo pedir a palavra **em** (**no/na**), emprega-se **onde**.

Se o verbo pedir a palavra **para** ou **a**, emprega-se **aonde**.

ATIVIDADES

1) Transforme as frases afirmativas em interrogativas, substituindo as palavras destacadas por **onde** ou **aonde**:

a) Fabiana ficou **em casa** o dia todo.
_____

b) Paulo sentou-se **no último lugar**.
_____

c) Ele foi **à praia** com seus pais.
_____

d) O presidente permaneceu **em Salvador**.
_____

e) Os imigrantes chegaram **a Curitiba** no início do século passado.
_____

f) Ele deixou o bilhete **embaixo da porta**.
_____

2) Complete as lacunas com **onde** ou **aonde**:

a) Você sabe _____ mora Paula?

b) Vamos combinar _____ iremos hoje à noite?

c) _____ você vai há uma escola _____ será disputado um campeonato de futebol infantil.

d) _____ eles ficaram todo esse tempo?

e) _____ estou? Acho que estou perdido. Não sei _____ vou.

Gramática 21 — Preposição

Menino procura com urgência
um vale azul para morar.
Um vale onde a aurora desperte as coisas
suavemente e as manhãs
tenham gosto **de** jabuticaba.
Um vale onde todos andem
de mãos dadas e onde toda fome seja saciada.
Um vale onde os riachos cantem
enchendo tudo de azul,
inclusive o coração do menino.

Roseana Murray. *Classificados poéticos.*

Observe a palavra destacada:

tenham gosto **de** jabuticaba

A palavra **de** está ligando uma palavra à outra. Pertence à classe das **preposições**.

> **Preposição** é uma classe de palavras que liga duas palavras entre si.

Vamos conhecer as palavras que pertencem à classe das preposições:

Preposições		
a	de	por
ante	desde	sem
após	em	sob
até	entre	sobre
com	para	trás
contra	perante	

Preposição e artigo

O cão e a carne

Um cão vinha caminhando com um pedaço de carne na boca.
Quando passou ao lado do rio, viu sua própria imagem na água.
Pensando que havia na água um novo pedaço de carne, soltou o que carregava para apanhar o outro.
O pedaço de carne caiu na água e se foi, assim como a sua imagem.
E o cão, que queria os dois, ficou sem nenhum.

Fábulas de Esopo.

Observe as palavras destacadas na seguinte frase do texto:

> Quando passou **ao** lado **do** rio, viu sua própria imagem **na** água.

Você pode notar que:

- **ao** é a ligação da preposição **a** com o artigo **o**:

$$AO = \underset{\text{preposição}}{A} + \underset{\text{artigo}}{O}$$

- **do** é a ligação da preposição **de** com o artigo **o**:

$$DO = \underset{\text{preposição}}{DE} + \underset{\text{artigo}}{O}$$

- **na** é a ligação da preposição **em** com o artigo **a**:

$$NA = \underset{\text{preposição}}{EM} + \underset{\text{artigo}}{A}$$

Principais ligações de preposição com artigo

em + o = **no**	de + o = **do**	por + o = **pelo**
em + a = **na**	de + a = **da**	por + a = **pela**
em + os = **nos**	de + os = **dos**	por + os = **pelos**
em + as = **nas**	de + as = **das**	por + as = **pelas**
em + um = **num**	de + um = **dum**	a + o = **ao**
em + uma = **numa**	de + uma = **duma**	a + a = **à**
em + uns = **nuns**	de + uns = **duns**	a + os = **aos**
em + umas = **numas**	de + umas = **dumas**	a + as = **às**

GRAMÁTICA E ORTOGRAFIA

ATIVIDADES

1 Complete as frases com a preposição adequada.

a) Ele precisa _____ carinho.

b) Irei _____ você ao sítio.

c) Nós oferecemos flores _____ a professora.

d) Ela faz tudo _____ mim.

e) Gosto _____ café _____ leite.

f) Os alunos simpatizaram _____ o novo colega.

2 Reescreva as frases, substituindo as palavras destacadas por outras que tenham o mesmo sentido: **embaixo de**, **em cima de**.

a) A bola está **sobre** a mesa.

_____

b) A bola está **sob** a mesa.

_____

3 Destaque as ligações de preposição com artigo:

a) Na hora da verificação, acabaria saindo-se mal.

b) A professora explicava num mapa as regiões do Brasil...

c) O trabalho foi realizado pelos alunos.

d) O bilhete trazia um convite para um bate-papo às duas horas.

4 Complete as lacunas do texto a seguir com preposições:

As famílias _____ ariranhas são unidas e não admitem intrusos. _____ isso, topar _____ outro grupo pode causar briga e, _____, morte. Na água, as ariranhas _____ uma mesma família patrulham seu território nadando e emitindo sons. _____ terra, constroem locas – abrigos cavados nos barrancos –, _____ servir _____ casa e cuidar dos filhotes. Escolhem, ainda, um lugar próximo _____ servir _____ latrina, onde todos os membros do grupo urinam e depositam suas fezes. Ao terminar, sapateiam em cima dos excrementos _____ fazer exalar o cheiro peculiar da família. [...] Elas também demarcam a entrada da loca e a vegetação _____ um muco _____ cheiro forte, que soltam _____ uma glândula próxima ao ânus. Já pensou o aroma?

Revista *Ciência Hoje das Crianças*, n. 157.

5 Reescreva as frases fazendo a ligação da preposição com o artigo:
a) Carlos morava **em a** casa mais bonita **de a** nossa rua.

b) **Em o** meu aniversário eu fui **a o** clube.

c) A cidade ideal **de o** cachorro tem um poste por metro quadrado.

d) Os exercícios foram corrigidos **por a** professora.

e) **De os** moradores **de o** sítio de Dona Benta, o mais andejo era o Marquês de Rabicó.

160 GRAMÁTICA E ORTOGRAFIA

ORTOGRAFIA 21 — Crase

Ideias geniais

Usando sementes de cacau, pimenta e água, os astecas criaram uma bebida chamada *tchocoatl*. Os espanhóis chegaram à região, provaram a mistura e a levaram para a Europa. Com o tempo, a receita foi mudando e virou o chocolate.

Revista *Recreio*, n. 457, 11 dez. 2008.

Veja o sinal (`) usado na vogal **a**.

Os espanhóis chegaram **à** região, provaram a mistura e a levaram para a Europa.

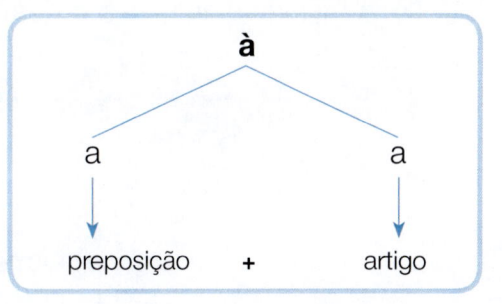

à
a → preposição + a → artigo

Em **à** ocorreu uma fusão da preposição **a** com o artigo **a**. Essa fusão recebe o nome de **crase**. Na língua escrita, indica-se a crase por meio do acento grave (`).

Crase é a fusão da preposição **a** com o artigo definido feminino **a(s)**.

Para haver crase, é necessário que:

1. a palavra anterior exija preposição – chegaram **a**...
2. a palavra seguinte venha antecedida de artigo feminino – **a** região.

Não se usa crase diante de:

1. palavras masculinas – andar **a** pé
2. verbos – começou **a** falar
3. pronomes pessoais – dirigiu-se **a** mim

161

ATIVIDADES

1 Compare as frases:

a) O menino foi **a o** palácio.
b) O menino foi **ao** palácio.

Na frase **b**, efetuamos a combinação da preposição **a** com o artigo **o**.

Faça o mesmo nas frases a seguir:

a) Ele chegou cedo **a o** clube.

_____

b) A menina dirigiu-se **a o** quarto da irmã.

_____

2 Compare as frases:

a) O menino foi **a a** praia.
b) O menino foi **à** praia.

Na frase **b**, houve a fusão da preposição **a** com o artigo **a**. A essa fusão denominamos **crase**.

Faça o mesmo nas frases a seguir:

a) Fui **a a** casa de minha avó.

_____

b) O rapaz foi condenado **a a** morte.

_____

c) Você deve assistir **a as** aulas.

_____

d) Faremos a reunião **a a** noite.

_____

3 Complete com **ao** ou **à**:

a) Ele chegou _____ colégio para assistir _____ aula.

b) As andorinhas são úteis _____ campo e _____ agricultura.

c) Eu fui _____ campo de futebol e depois _____ festa.

d) Dirigiu-se _____ mulher e depois _____ menino.

4 Use a crase quando for necessário.

a) Joana foi a igreja.

b) Gosto de andar a cavalo.

c) Ela assistiu a festa.

d) Nada tenho a dizer sobre isso.

e) Estarei em sua casa as dez horas.

f) Diga a ela o que você pensa.

g) Devemos obedecer a lei.

5 Complete com **a**, **as**, **à** ou **às**:

a) Esta loja vende _____ prazo.

b) Saiu _____ pressas de casa.

c) _____ vezes, ele estuda.

d) Andava _____ toa pela cidade.

e) Fique _____ vontade.

f) _____ dez horas sairá o desfile.

g) Permaneçam _____ direita.

h) Graças _____ Deus, terminamos o trabalho.

i) Fez tudo _____ escondidas.

GRAMÁTICA 22 — Conjunção

A conjunção é uma classe gramatical que pode ligar:

a) palavras:

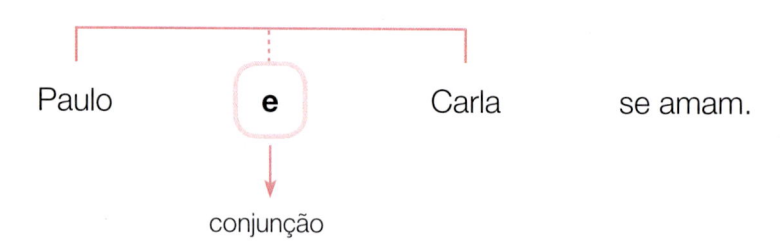

Paulo **e** Carla se amam.

↓
conjunção

b) orações:

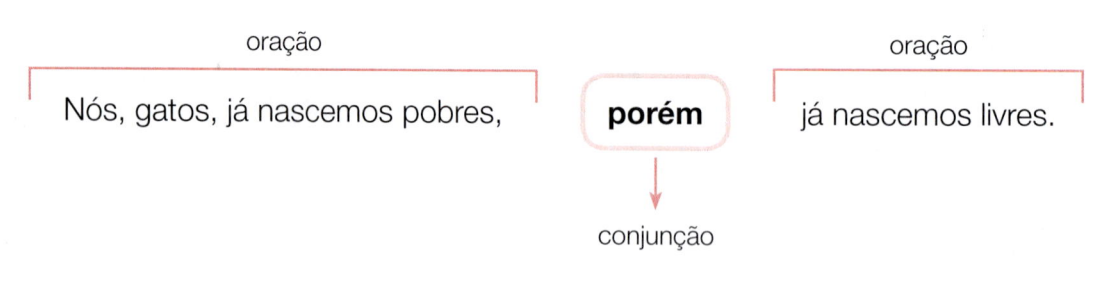

<u>Nós, gatos, já nascemos pobres,</u> **porém** <u>já nascemos livres.</u>
         oração   oração

↓
conjunção

> **Conjunção** é uma classe de palavras que liga palavras ou orações.

Principais conjunções

e	por isso	porque
mas	portanto	quando
porém	pois	ou

ATIVIDADES

1) Complete as frases com a conjunção adequada.

portanto – porque – quando – mas

a) Ele correu muito, _____ não conseguiu alcançar o ônibus.

b) Você jogou muito, _____ está cansado.

c) Paula já estava acordada _____ Carlinhos assobiou.

d) Não pisou na grama _____ tinha medo de aranhas.

2) Sublinhe as conjunções:

a) Sílvio devolveu a bola e eles continuaram jogando.

b) Ele é esperto, por isso está prevenido.

c) Seu apelido ficou sendo Pivete, porque era o menor de todos.

d) Venha cedo, pois preciso conversar com você.

e) Papai e mamãe já tinham almoçado quando chegamos.

f) Você fica em casa ou vai comigo?

3) Invente frases com as seguintes conjunções:

a) mas: _____

_____

b) porque: _____

_____

c) por isso: _____

_____

4 Observe os desenhos. Escreva uma frase sobre cada um deles, usando uma das conjunções do quadro.

portanto – quando – mas

166 GRAMÁTICA E ORTOGRAFIA

ORTOGRAFIA 22 — Por que, por quê e porque

Por que o gás hélio faz as coisas voarem?

O gás hélio flutua **porque** é menos denso que o ar. Os gases menos densos tendem a subir, enquanto os mais densos se deslocam para baixo. Por isso, objetos que estejam cheios de hélio, como as bexigas de gás, acabam flutuando. A bexiga tem furinhos minúsculos em sua superfície e, depois de um tempo, o gás acaba saindo lá de dentro. Aí ela murcha e começa a cair.

Revista *Recreio*, n. 456, 4 dez. 2008.

Compare as frases e observe as palavras destacadas:

a) **Por que** o gás hélio faz as coisas voarem?

b) O gás hélio flutua **porque** é menos denso que o ar.

c) O gás hélio faz as coisas voarem. **Por quê**?

Pode-se constatar que se emprega:

POR QUE — em frases interrogativas

POR QUÊ — no fim de frases interrogativas

PORQUE — nas respostas (= pois)

ATIVIDADES

1 Responda às perguntas abaixo, empregando **porque**.

a) Por que você estuda?

_____

b) Por que as crianças fazem muitas perguntas?

_____

c) Por que ainda há guerra no mundo?

_____

2 Complete os espaços com **por que** ou **porque**, convenientemente.

a) _____ você está tão feliz hoje?

b) Escute rapaz, _____ você não veio mais depressa?

c) Não vou de moto _____ está chovendo.

d) Hoje não vou levar casaco _____ está calor.

3 Transforme as frases afirmativas em interrogativas. Use as duas possibilidades: **por que** e **por quê**.

a) Ela ficou triste.

_____

_____

b) É importante saber se comunicar.

_____

_____

GRAMÁTICA E ORTOGRAFIA

4 Sublinhe a palavra que completa corretamente cada frase:

a) (Por que/Por quê/Porque) devemos viajar com você?

b) Você está irritado. (Porque/Por quê)?

c) Aceito seu convite (por que/porque) estou precisando me distrair.

d) (Por que/Por quê) você não me ligou?

e) Vou viajar com você (por que/porque) estou de férias.

5 Você já leu ou já assistiu a uma entrevista?

Em uma entrevista, uma pessoa faz perguntas e outra responde. Observe os desenhos, imagine e escreva pelo menos uma pergunta que cada entrevistador poderia fazer e a resposta dos entrevistados.

Use **por que** ou **porque** adequadamente.

_____

_____

_____

_____

_____

_____

_____

_____

Gramática 23: Interjeição

Eta galo!

Dia raiou
Galo cantou?
Galo cantou
Dia raiou?

UPA!

Quem acorda o dia?
Será o galo?
Ou será o dia que
acorda o galo?

Galo raiou!
Dia cantou!
EPA!
Raiadia
Cantagalo
Raiagalo
Cantadia

Quem acorda o galo?
Será o dia?
Ou será o galo
que acorda o dia?

UFA!

Mônica Versiani Machado.
De três em três, de reis em reis.

Você pode notar no texto que as palavras **UPA! EPA! UFA!** transmitem diferentes tipos de sentimentos: UPA!, alegria; EPA!, admiração; UFA!, um certo cansaço ou aborrecimento.

Elas pertencem à classe das **interjeições**.

> **Interjeição** é uma classe de palavras que transmite sentimentos.

Veja no quadro a seguir alguns sentimentos que a interjeição pode transmitir.

Sentimento	Interjeições
admiração	Ah! Oh! Eh!
alegria	Ah! Oh! Eh!
animação	Eia! Coragem!
apelo	Olá! Psiu! Alô! Socorro!
aplauso	Bravo! Apoiado! Muito bem! Bem!
aversão	Ih! Chi!
desejo	Oxalá! Oh! Tomara!
dor	Ui! Ai!
silêncio	Psiu!

As interjeições aparecem, normalmente, seguidas de ponto de exclamação.

ATIVIDADES

1. Complete as frases com a interjeição adequada.

   a) _____ Que cara mais chato!

   b) _____ Que dor de cabeça!

   c) _____ Quase acertei o gol.

   d) _____ Ninguém se mexa.

   e) _____ Alguém me ajude!

   f) _____ Cortei o dedo.

   g) _____ Quem está falando?

   h) _____ Como vai?

2. Sublinhe as interjeições do texto a seguir:

   Esse menino, também conhecido como traquina, travesso e bagunceiro, sempre ouvia os adultos dizerem as mesmas coisas:

   – Ah! meu Deus! Você acaba comigo.

   – Ui! Lá vem ele de novo.

   – Tomara! Tomara que um dia você melhore.

   – Psiu! Chega disso, já pra casa.

   – Chi! O que é que vai ser de você?

   – Ih! Ele não tem jeito mesmo.

   – Atenção! Veja o que você está aprontando!

3) Nas histórias em quadrinhos, é muito comum a presença de interjeições. Copie as interjeições que estão presentes nos quadrinhos a seguir.

___

4) Foram eliminadas as interjeições dos quadrinhos a seguir. Complete os balões com as interjeições adequadas.

___

ORTOGRAFIA 23 — Aspas e reticências

Danados de resistentes

Ovos do mosquito da dengue conseguem sobreviver por até um ano depois de depositados em local com água

Com certeza, você já ouviu falar o que é preciso fazer para evitar a dengue: não deixar água parada em vasos, pneus, garrafas...

Mas você sabe por que isso é necessário? Para tentar evitar que a fêmea do *Aedes aegypti* (mosquito transmissor da doença) ache um local bom para pôr os ovos.

A fêmea costuma botar seus ovos perto da água. E eles são bem resistentes.

"A casca do ovo do *Aedes aegypti* tem uma composição química que permite que ele resista a condições desfavoráveis ao seu desenvolvimento por até um ano", conta o entomólogo (que estuda insetos) Antony Érico Guimarães, da Fundação Oswaldo Cruz.

Essa característica nenhum outro ovo de mosquito tem. Então, se a fêmea escolher a dedo um local próprio à água e esse lugar secar, não há problema. Um ano depois, se ali surgiu água de novo, os ovos vão eclodir e as larvas, nascer.

Se levarmos em conta que o *Aedes aegypti* costuma colocar 200 ovos de uma só vez, imagine só o risco que nós corremos!

Mara Oliveira. *Folha de S.Paulo*, 11 abr. 2009.

Aspas

Usam-se as aspas:

1. antes e depois de uma declaração ou citação

> "A casca do ovo do *Aedes aegypti* tem uma composição química que permite que ele resista a condições desfavoráveis ao seu desenvolvimento por até um ano", conta o entomólogo (que estuda insetos) Antony Érico Guimarães, da Fundação Oswaldo Cruz.

2. para chamar a atenção para uma palavra ou expressão

> O nome do mosquito da dengue **"***Aedes aegypti***"** vem da língua latina.

Reticências

Usam-se as reticências para indicar a interrupção da frase, feita com a finalidade de sugerir:

1. continuidade de uma ideia

> Com certeza, você já ouviu falar o que é preciso fazer para evitar a dengue: não deixar água parada em vasos, pneus, garrafas**...**

2. interrupção da frase

> Qual nada! Quando ele estava bem na frente do gol**...**

3. sentimentos de surpresa, hesitação, alegria, raiva etc.

> – Ah! Vento impiedoso, que me faz gemer tanto, embaraçando os meus cabelos compridos**...** Não quero saber dele, não quero saber dele**...** Ai, ai, ai**...**

175

ATIVIDADES

1 Leia atentamente a notícia a seguir.

Encontro entre idosos e crianças em Curitiba

Alunos do EM Dom Bosco, de Curitiba – PR, escolheram uma forma diferente para encerrar a ação educativa em 2004. Eles organizaram um encontro com idosos da comunidade. Trabalhamos este semestre com a temática da terceira idade estimulados pelo projeto. Com isso, as crianças resolveram convidar vários idosos e promover uma confraternização educativa com eles, conta a professora Eliane Rufino.

Os visitantes puderam ver os trabalhos feitos pelos alunos sobre os direitos das pessoas da terceira idade, além de uma pesquisa feita na comunidade sobre os hábitos e as preferências dos idosos. Depois responderam a perguntas sobre seu tempo de criança e de jovem.

A aposentada Neiva Godoy era uma das mais empolgadas com a experiência. Achei muito importante esse encontro. Os jovens de hoje não respeitam muito os idosos e isso é muito grave, comentou ela. É muito bom que os garotos possam conhecer como a nossa vida era diferente da deles e que um dia fomos jovens assim como eles são hoje.

Disponível em: < http://voceapita.locaweb.com./br/noticias/visualizanoticia.asp?idn = 188 > .
Acesso em:. 25 jun 2015.

Há nessa notícia trechos que devem ser colocados entre aspas.

a) Use corretamente as aspas.

2 Escreva três frases usando reticências, de acordo com o que se pede.

- para indicar interrupção da frase:

_____

_____

_____

- para comunicar um sentimento:

_____

_____

_____

- para indicar a continuidade de uma ideia:

_____

_____

_____

_____

3 No texto a seguir, extraído de um jornal, faltam as aspas para separar algumas frases do texto. Use-as quando for necessário.

Células e risos

E esse papo de aula particular não é coisa só de melhores amigos. Patrícia Gassi e Daniela Marzagão mal se falavam antes de terem um encontro semanal para estudar Ciências. A escola incentiva sermos tutores de outros alunos e me candidatei para ajudar a Patrícia , conta Daniela, que se considera uma professora "linha-dura". Gosto de explicar, mas se me perguntam várias vezes a mesma coisa, eu me irrito. A pessoa tem de se concentrar.

Para Patrícia, o fato de elas não serem superamigas não interfere na diversão. Chego a procurar a Daniela no intervalo para tirar dúvidas , conta Patrícia. Mas a gente também dá risada juntas. Sempre que surge alguma coisa engraçada que acaba tirando um pouco a atenção do estudo , revela Patrícia. Gosto de estudar com ela para as provas, fica mais fácil.

O Estado de S.Paulo, 11 abr. 2009.

177

GRAMÁTICA 24 — Frase

Ao falar ou ao escrever, você, como falante de uma língua, expressa diferentes intenções.

Imagine que você, em diferentes situações, escrevesse ou falasse as seguintes frases:

1. Você saiu cedo.
2. Você não saiu cedo.
3. Você saiu cedo?
4. Você saiu cedo!
5. Saia cedo!

Qual é a diferença entre essas frases?

Na frase 1, você se comunicou com a intenção de fazer uma declaração afirmativa; na frase 2, uma declaração negativa. Esse tipo de frase recebe o nome de **frase declarativa**.

Na frase 3, você se comunicou com a intenção de fazer uma pergunta, uma interrogação. Esse tipo de frase recebe o nome de **frase interrogativa**.

Na frase 4, você se comunicou com a intenção de expressar um sentimento (espanto, dor, medo...), por meio de uma exclamação. Esse tipo de frase recebe o nome de **frase exclamativa**.

Na frase 5, você se comunicou com a intenção de dar uma ordem ou fazer um pedido. Esse tipo de frase recebe o nome de **frase imperativa**. A palavra "imperativo" significa "que manda, que ordena".

Tipos de frase	Intenção	Exemplo
Declarativa afirmativa	Afirmação	Você saiu cedo.
Declarativa negativa	Negação	Você não saiu cedo.
Interrogativa	Pergunta	Você saiu cedo?
Exclamativa	Exclamação	Você saiu cedo!
Imperativa	Ordem, pedido	Saia cedo!

GRAMÁTICA E ORTOGRAFIA

ATIVIDADES

1 Escreva, em seu caderno, o diálogo que o professor vai ler para vocês. Use o travessão antes de cada fala.

2 Quando uma pessoa fala, como sabemos se ela está fazendo uma declaração – afirmando ou negando alguma coisa –, se está fazendo uma pergunta ou expressando um sentimento (decepção, surpresa...)?

_____

3 Na escrita, como identificamos o tipo de frase?

_____

4 Organize as palavras, formando frases, e complete com o sinal de pontuação adequado:

a) mais cozinha fica o que é que quanto mais duro

_____

b) não pode orelhas tem ouvir mas é que o que

_____

c) da saída entrada a qual é

_____

5 Responda com base nas respostas do exercício anterior.

a) Você sabe como são chamadas as frases que você formou?

_____

b) Que tipo de pontuação você usou nelas?

_____

179

6 Leia o texto a seguir:

O vaga-lume Tum-tum

Era um vaga-lume lindo, lindo! Sua luzinha que brilhava mais, quanto mais escuro estava, era ali, pouco acima dos olhos, dois faróis acesos e iluminados. O corpo cascudo e brilhante, meio parecido com o de uma barata, se fazia tão mais elegante e bonito, que até é pecado a gente comparar uma coisa com a outra. E como vivia feliz de ser vaga-lume!

— Puxa, que alegria é iluminar a noite! Nesta época de chuva, em que as estrelas somem, eu e meus irmãozinhos somos as estrelas do mundo. E não é bacana ser estrela? — perguntava a ele a dona Coruja, sua amiga.

André Carvalho. *O menino e a nuvem*.

Copie do texto:

a) uma frase declarativa afirmativa:

_____

_____

b) duas frases exclamativas:

_____

_____

c) uma frase interrogativa:

_____

_____

ORTOGRAFIA 24 — Grafia de -am e -ão

Observe a frase a seguir:

> Durante a tarde, eles jog**am** na quadra futebol de sal**ão**.

Você pode perceber que:

1. as sílabas finais das palavras **jogam** e **salão** têm um som nasal:

   Em **jogam** o som nasal é representado pela letra **m**.
   Em **salão** o som nasal é representado pelo **til**.

2. a sílaba **-gam** é átona (fraca); **-lão** é tônica (forte). Observe:

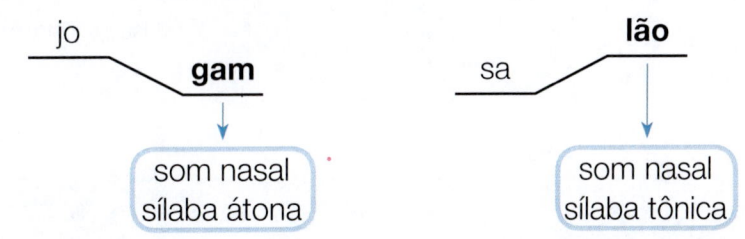

jo‾gam → som nasal / sílaba átona

sa‾lão → som nasal / sílaba tônica

Observe a frase a seguir:

> Ontem eles **escreveram** uma poesia, amanhã **escreverão** uma história.

Você pode perceber que:

1. as sílabas finais das palavras **escreveram** e **escreverão** têm um som nasal:

   Em **escreveram** o som nasal é representado pela letra **m**.
   Em **escreverão** o som nasal é representado pelo **til**.

2. a sílaba **-ram** é átona (fraca); **-rão** é tônica (forte).

3. **escreveram** refere-se a um tempo passado; **escreverão**, ao tempo futuro.

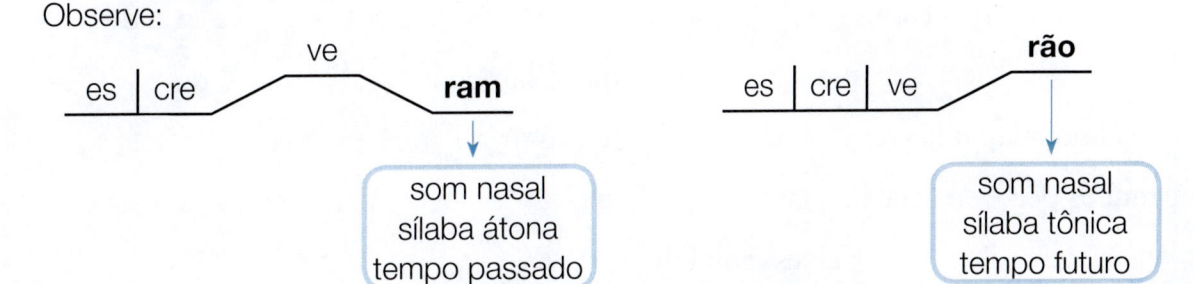

Observe:

es | cre | ve | **ram** → som nasal / sílaba átona / tempo passado

es | cre | ve | **rão** → som nasal / sílaba tônica / tempo futuro

ATIVIDADES

1 Os fatos do texto abaixo foram contados no tempo passado. Reescreva-os contando os fatos no tempo futuro. Invente um título para o texto.

> As Três Partes ficaram pensando juntas o que elas poderiam formar.
> Enquanto isso, alguns pássaros passaram voando e as Três Partes gostaram muito da ideia... E foram pássaros também.
> Os pássaros voaram para o mar... No mar navegam muitos barcos... As Três Partes gostaram do que viram... e foram pra água para ser barco também.
> Enquanto o barco navegava, As Três Partes viram muitos peixes que nadavam na água... Elas, então, pularam para dentro da água e foram ser peixe também.
>
> Edson Luiz Kozminski. *As Três Partes*.

_____

As Três Partes _____ pensando juntas o que _____ formar.

Enquanto isso, alguns pássaros _____ voando e as Três Partes _____ muito da ideia... E _____ pássaros também.

Os pássaros _____ para o mar... No mar navegam muitos barcos... As Três Partes _____ do que _____ e _____ pra água para ser barco também.

Enquanto o barco _____, As Três Partes _____ muitos peixes na água... Elas, então, _____ para dentro da água e _____ peixes também.

2 Complete o texto com os verbos apresentados no quadro a seguir e aprenda um pouco sobre os golfinhos.

> produzem – chegam – nadam – ficou –
> nadam – fazem – costumam – podem

Show de acrobacias

Quando _____ em grupo, os golfinhos de várias espécies _____ dar saltos fora da água. Isso pode ser só brincadeira ou uma forma de comunicação, pois, ao pular e bater com o corpo na água, _____ sons e turbulências que _____ ter um significado.

Os saltos mais incríveis são feitos pelos golfinhos rotadores, que pulam mais de 2 metros e _____ piruetas no ar. Um grande grupo dessa espécie vive no Brasil, perto de Fernando de Noronha. Todos os dias, ao nascer do sol, eles _____ a uma das baías da ilha para descansar e brincar depois de passar a noite em busca de peixe. _____ lentamente pelo lugar que _____ conhecido como a Baía dos Golfinhos.

3 Reescreva as frases, empregando o verbo no tempo **passado** ou no tempo **futuro**.

a) Ontem, os alunos **brincar** no pátio. Amanhã, eles **brincar** na quadra.

_____

b) No ano passado, meus avós me **dar** um livro de presente. No próximo aniversário, eles me **dar** um DVD.

_____

183

GRAMÁTICA 25 — Sujeito e predicado

Maja

Quando a pequena Maja abriu os olhos, já havia muita luz. Mas a coitadinha tiritava de frio, encolhida debaixo duma folha verde. Os primeiros movimentos que fez foram custosos e desajeitados.

Segurando-se depois a uma das nervuras da folha, sacudiu as delicadas asinhas, a fim de as tornar flexíveis e livres de pó. Em seguida, alisou os pelinhos do corpo e lustrou os grandes olhos castanhos. Avançou cautelosamente até a beirada da folha, contemplando os arredores. O sol da manhã fazia cintilar, como esmeraldas, as folhas do topo da árvore, enquanto o restante ficava na sombra.

Valdemar Bonsels. *Maja – aventuras de uma abelha.*

Maja é o assunto sobre o qual vamos falar. É, portanto, o **tema**.
É uma abelhinha diferente é aquilo que informamos a respeito do tema. É, portanto, a **informação**.

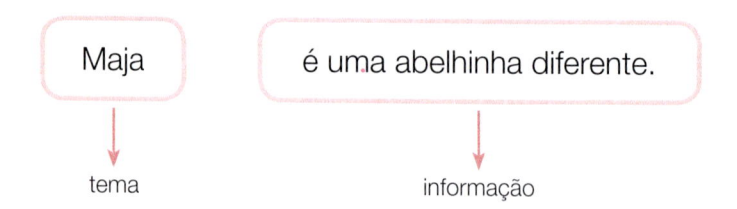

Maja	é uma abelhinha diferente.
tema	informação

O **tema** recebe o nome de **sujeito**.
A **informação** recebe o nome de **predicado**.

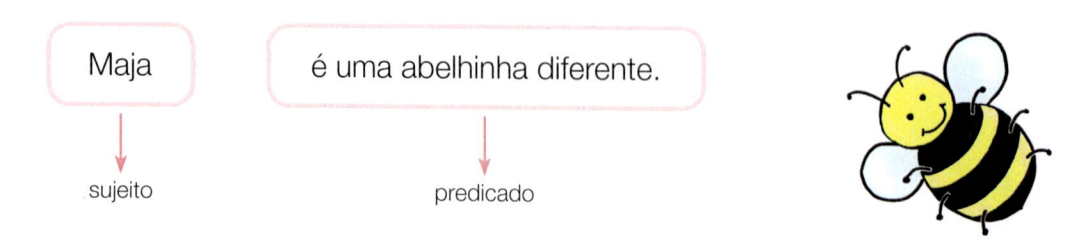

Maja	é uma abelhinha diferente.
sujeito	predicado

Constituição do sujeito e do predicado

O sujeito pode ser representado por duas classes de palavras: **substantivo** e **pronome**. Veja os exemplos.

Sujeito	Predicado
Maja	abriu os olhos.
Ela	abriu os olhos.

Em todo predicado deve haver sempre um **verbo**. Observe:

Sujeito	Predicado
O mundo	**é** belo.
A abelhinha	**alisou** os pelinhos do corpo.

Posição do sujeito

O sujeito pode ser colocado em três posições dentro de uma frase.

1ª posição — **antes** do predicado:

> **Maja** abriu os olhos.

2ª posição — **no meio** do predicado:

> Abriu **Maja** os olhos.

3ª posição — **depois** do predicado:

> Abriu os olhos **Maja**.

ATIVIDADES

1 Contorne o sujeito e sublinhe o predicado:

a) Nossa casa nova é enorme e bonita.

b) A maioria dos alunos foi aprovada.

c) Você parece preocupado.

d) Os pequenos animais morreram de frio.

e) Chorava muito aquela pobre menina.

f) Uma nova frente fria vem do Sul.

2 Observe:

- Eu saí cedo de casa.
- Saí cedo de casa.

Você pode constatar que, sendo o sujeito representado por um pronome, ele pode não aparecer na frase. Nesse caso, dizemos que o sujeito está oculto.
Elimine o sujeito das frases seguintes.

a) Eu não conheço esta raça de gato.

b) Nós devíamos ter sido mais cuidadosos.

c) Eu acho que havia uns trezentos reais.

d) Eles chegaram ao colégio cansados.

e) Você e eu faremos a pesquisa neste final de semana.

3) O sujeito pode ser colocado antes, depois ou no meio do predicado. Nas frases a seguir, identifique o sujeito. A seguir, reescreva a frase, mudando a posição dele.

a) No último desastre aéreo, morreram 150 pessoas.

_____

_____

b) Foi antecipado o prazo de inscrição, sem qualquer justificativa.

_____

_____

c) Durante o recreio, meus livros desapareceram.

_____

_____

d) No castelo encantado, vivia uma linda princesa.

_____

_____

4) Sublinhe os verbos das frases. Depois, separe o sujeito do predicado.

a) A pequena Maja abriu os olhos.

Sujeito: _____

Predicado: _____

b) A coitadinha tiritava de frio.

Sujeito: _____

Predicado: _____

c) Seus olhos eram castanhos.

Sujeito: _____

Predicado: _____

Encontro dos diferentes

No início desta história, só os peixes habitavam a Terra. Em cada lago, viviam peixes de uma só cor: amarelos, azuis, pretos, vermelhos ou verdes. E cada grupo acreditava que só existiam peixes de sua cor no mundo, até que um peixinho vermelho resolveu explorar águas mais distantes.

Monika Pepescu. *Peixinhos*.

5 "No início desta história, só os peixes habitavam a Terra."

a) Qual é o sujeito dessa frase?

_____

b) Qual é o predicado?

_____

c) Reescreva essa frase colocando o sujeito no começo da frase:

_____

6 Separe o sujeito do predicado nas frases seguintes.

a) "[...] um peixinho vermelho resolveu explorar águas mais distantes."

Sujeito: _____

Predicado: _____

b) "[...] só existiam peixes de sua cor no mundo [...]"

Sujeito: _____

Predicado: _____

7 "Em cada lago, viviam peixes de uma só cor [...]"

a) Qual é o sujeito dessa frase?

_____

b) Como ficaria a frase, se o sujeito viesse no começo?

_____

ORTOGRAFIA 25

Verbos terminados por -em ou -êm

O que é uma ave?

As aves são os únicos animais que têm penas. A maioria delas voa e tem duas asas. Para conseguirem voar, as aves são muito leves. Têm ossos ocos, penas e um bico leve no lugar de dentes. O formato delicado e aerodinâmico do corpo facilita o voo. Como nós, as aves têm sangue quente e respiram ar. Mas botam ovos, o que não fazemos!

Carolina Caires. *Como? Onde? Por quê?*

Compare as frases:

A ave **tem** sangue quente.   As aves **têm** sangue quente.

A criança **vem** sorrindo.   As crianças **vêm** sorrindo.

Você pode observar que:

a) escreve-se **tem** e **vem**, sem acento, quando o sujeito for singular;
b) escreve-se **têm** e **vêm**, com acento, quando o sujeito for plural.

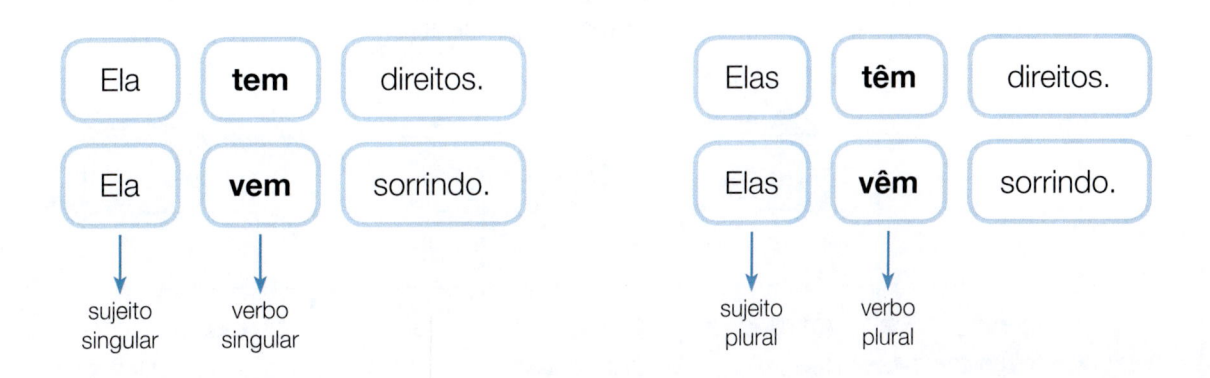

| Ela | **tem** | direitos. | | Elas | **têm** | direitos. |
| Ela | **vem** | sorrindo. | | Elas | **vêm** | sorrindo. |

sujeito singular — verbo singular

sujeito plural — verbo plural

Verbos derivados

Os verbos derivados de **ter** e **vir** recebem acentos diferentes se o sujeito estiver no singular ou no plural.

Conter

Sujeito singular:

> O livro **contém** muitas informações.

Sujeito plural:

> Os livros **contêm** muitas informações.

Provir

Sujeito singular:

> O turista **provém** da Europa.

Sujeito plural:

> Os turistas **provêm** da Europa.

De acordo com as regras da nova ortografia, não são mais acentuados os hiatos **-eem** dos verbos **ver**, **crer**, **dar** e **ler** no tempo presente.

	Ver	Crer	Dar	Ler
ele	vê	crê	dê	lê
eles	veem	creem	deem	leem

ATIVIDADES

1. Complete as frases com **tem** ou **têm**.

   a) Os carros da Fórmula 1 _____ aerofólios.

   b) Fevereiro nunca _____ mais de 29 dias.

   c) Os meses de janeiro, março, maio, julho, agosto, outubro e dezembro _____ trinta e um dias.

   d) O solo deste país _____ mais riquezas do que se possa supor.

   e) O livro de Ciências _____ mais de vinte capítulos.

2. Complete as frases com **vem** ou **vêm**.

   a) A manada _____ lentamente até a beira do rio.

   b) O português, o espanhol, o francês e o italiano _____ do latim.

   c) A estrada _____ até a entrada do sítio.

   d) Temos, no português, muitas palavras que _____ de línguas indígenas.

   e) Elas têm um cabelo liso que _____ na cintura.

3. Complete as frases com o verbo entre parênteses no tempo presente:

   a) O cinema só (conter) _____ 80 lugares.

   b) Quantos litros (conter) _____ estes bujões?

   c) Carla e Maurício se (ver) _____ somente aos domingos.

   d) Essas doenças (provir) _____ da falta de higiene e de saneamento básico.

   e) Marília e Paulo (ler) _____ um livro toda semana.

191

4 Complete as lacunas com o verbo **ter** e **vir** no tempo presente:

> O caipira andava ao longo da estrada seguido de dez cavalos. Nisso _____ um automóvel e o motorista grita para o caipira:
> — Você _____ dez. Mas eu tenho duzentos e cinquenta cavalos! — e vruuuuu! — saiu em disparada!
> O caipira continuou seu passo. E lá na frente estava o carro virado dentro do rio, ao lado da ponte.
> Aí o caipira falou pro motorista:
> — Oi, cumpadre! Dando água para a tropa, é?
>
> Ziraldo. *Anedotinhas do bichinho da maçã.*

5 Reescreva o poema fazendo as alterações necessárias, considerando como título **O direito das crianças**:

> ### O direito da criança
> [...] Criança tem que ter nome
> Criança tem que ter lar
> Ter saúde e não ter fome
> Ter segurança e estudar. [...]
>
> Ruth Rocha.